해적선에서 만난 장보고

글 **강무홍** | 그림 **김종범**
감수 **강봉룡**

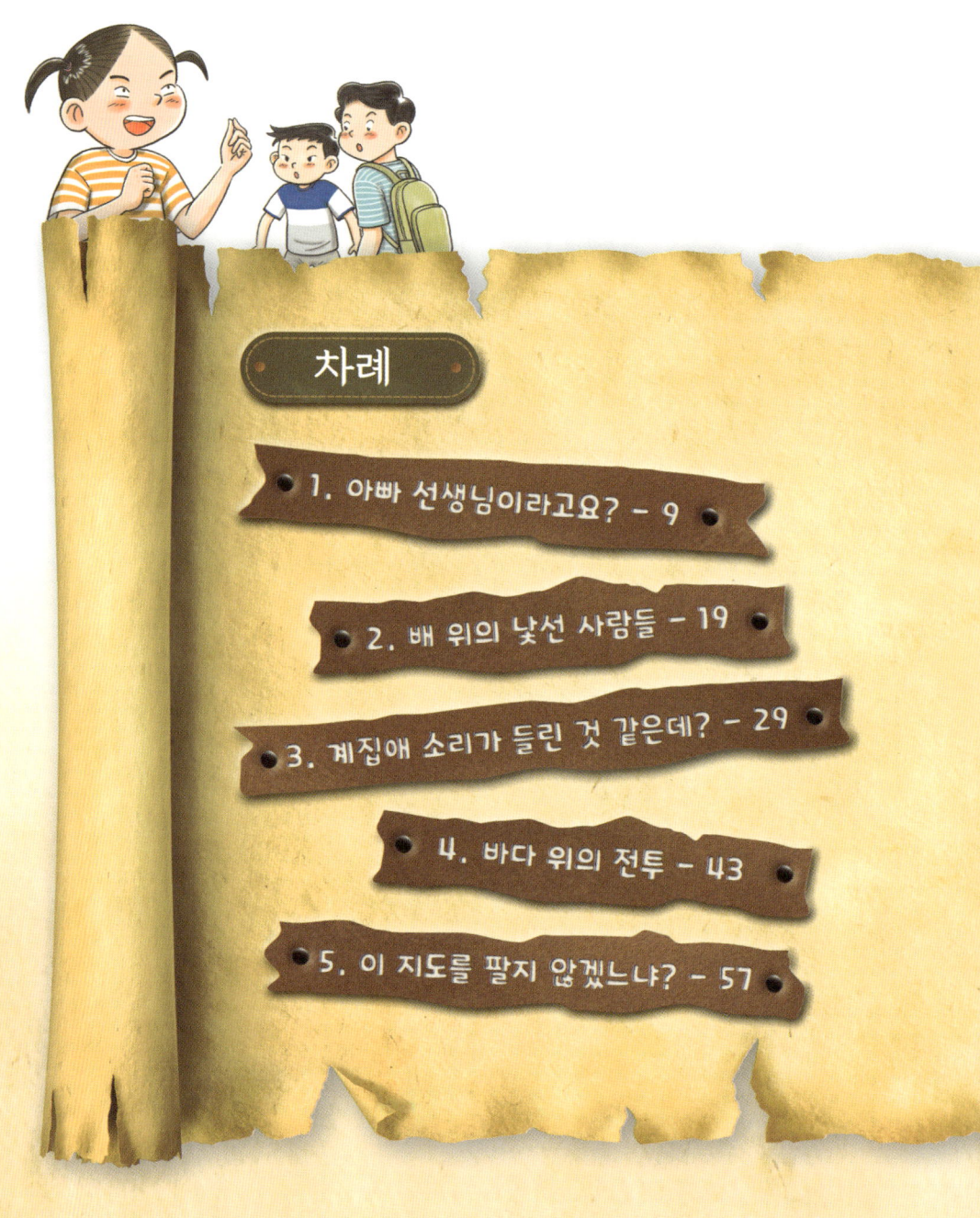

차례

1. 아빠 선생님이라고요? - 9

2. 배 위의 낯선 사람들 - 19

3. 계집애 소리가 들린 것 같은데? - 29

4. 바다 위의 전투 - 43

5. 이 지도를 팔지 않겠느냐? - 57

해적선에서 만난 장보고

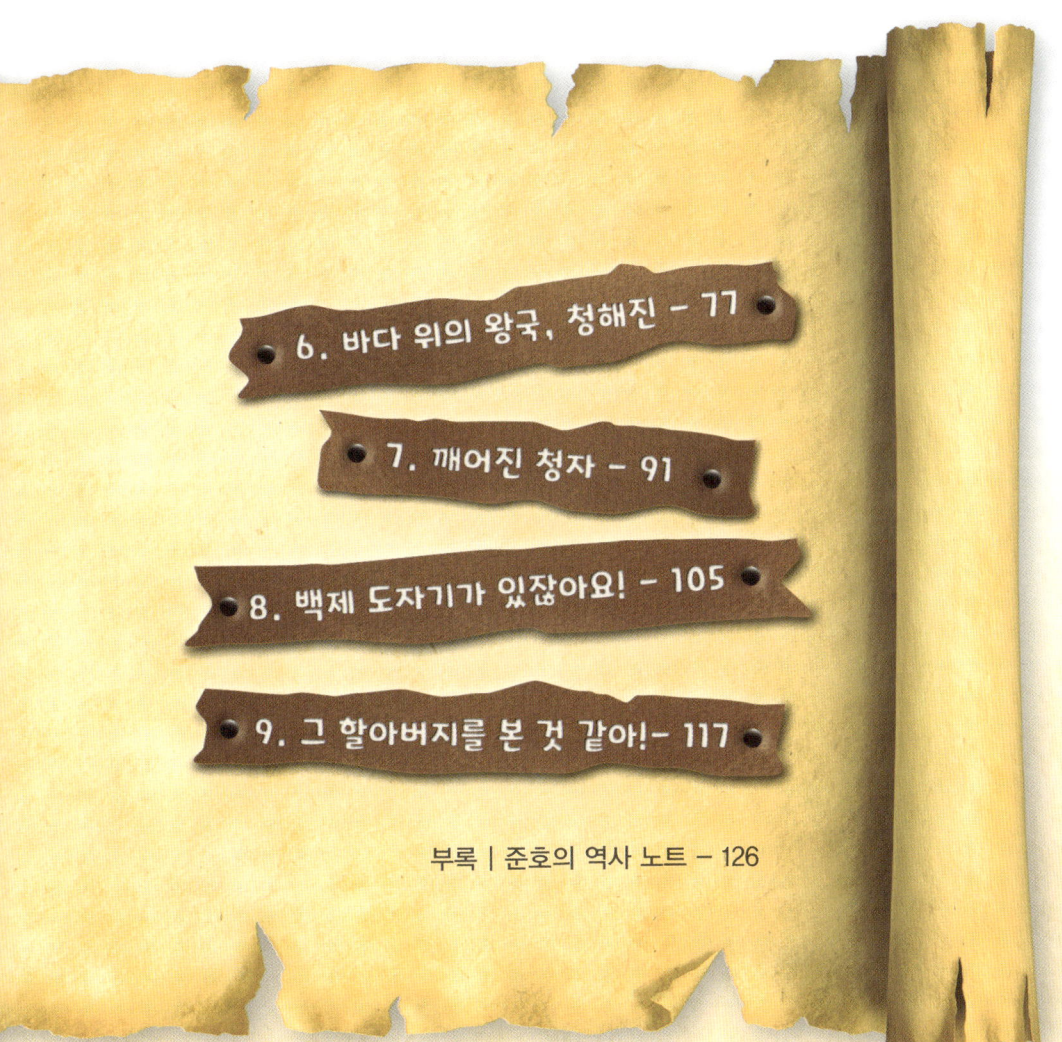

- 6. 바다 위의 왕국, 청해진 – 77
- 7. 깨어진 청자 – 91
- 8. 백제 도자기가 있잖아요! – 105
- 9. 그 할아버지를 본 것 같아! – 117

부록 | 준호의 역사 노트 – 126

마법의 두루마리를 펼치기 전에

　호기심 많은 형제 준호와 민호는 역사학자인 아빠를 따라 경주의 작은 마을로 이사를 간다. 새집 지하실에서 마법의 두루마리를 발견한 둘은 석기 시대, 삼국 시대, 고려 시대, 조선 시대 등 과거 속으로 여행을 떠난다. 이웃에 사는 수진도 준호와 민호의 비밀을 눈치채고 과거 여행을 함께한다.

　준호와 민호는 수진을 통해 이사 온 집에 살던 역사학자 할아버지가 행방불명되었다는 사실을 알게 되고, 마법의 두루마리의 진짜 주인과 그에 얽힌 비밀을 풀기로 마음먹는다. 그리고 할아버지를 자주 찾아온 제자가 있었다는 수진의 말에 역사학자인 아빠에게 할아버지에 대해 물어보기로 하는데…….

1. 아빠 선생님이라고요?

도대체 왜 이곳으로 이사를 온 걸까? 아빠의 직장 때문에 경주로 온 것은 그렇다 치고, 하고많은 집 중에 왜 하필이면 이 집으로 이사를 하게 된 걸까?

수진의 말대로 아빠는 원래 이 집 주인과 아는 사이였을까? 지하실의 저 비밀스러운 골방과 두루마리의 주인일지도 모르는 괴팍한 할아버지를 알고 있을까?

저녁 무렵, 준호는 박물관에서 돌아온 아빠를 유심히 살펴보았다. 하지만 아무리 봐도 아빠의 얼굴에 의심스러운 구석은 없어 보였다. 게다가 만약 아빠가 지하실의 골방이나 마법의 두루마리에 대해 알고 있었다면, 준호와 민호가 지하실에 드나드는 걸 허락했을 리 없다.

"왜? 아빠한테 무슨 할 말이라도 있니?"

아빠의 느닷없는 질문에 준호는 화들짝 놀라 손을 내저었다.

"아, 아뇨! 없어요!"

아빠는 고개를 갸웃했다. 딱 꼬집어 말할 수는 없었지만 오늘따라 준호의 행동이 조금 이상했다. 하지만 준호가 아무 말이 없자, 아빠는 이내 책으로 눈길을 떨구었다.

그 순간 민호가 불쑥 물었다.

"아빠, 혹시 이 집 주인이었던 할아버지 아세요?"

아빠가 고개를 들었다.

준호는 마치 속마음을 들킨 것처럼 가슴이 철렁했다.

"응, 아빠 선생님이신데. 왜? 그 선생님이 여기 사셨다는 건 어떻게 알았어?"

아빠가 뜻밖의 질문이라는 듯이 안경 너머로 눈을 둥그렇게 뜨고 물었다.

준호와 민호는 놀라서 동시에 소리쳤다.

"네에? 그 할아버지가 아빠 선생님이라고요?"

그렇다면 아빠는……!

아빠가 이 집에 얽힌 비밀을 모두 알고 있을지도 모른다는 생각에 준호는 한순간 눈앞이 캄캄해졌다. 그럼 이 신비한 마법의 여행도 끝이 날 것이다!

준호는 숨을 죽이며 아빠의 입만 쳐다보았다.

아빠가 어두운 낯빛으로 천천히 입을 열었다.

"그래, 대학 스승님이셨는데, 아빠를 무척 아껴 주셨단다. 좀 고지식하시고 외골수이긴 했지만, 평생을 연구에 바친 훌륭한 역사학자셨지."

아빠는 선생님의 모습을 떠올리는 듯, 허공을 바라보며 말을 이었다.

"언제나 오래된 고문서와 씨름하며, 유물과 유적을 찾아 전국 각지를 누비셨단다. 우리 역사에 대해서라면 누구보다 상세히 알고 계셔서, 때로는 꼭 과거에 다녀오신

분 같았지."

 준호는 '과거에 다녀오신 분 같았다'는 말에 가슴이 뜨끔했다. 하지만 그 말로 미루어 보면, 아빠는 마법의 두루마리에 대해 모르는 것 같았다.

 "아빠, 그 할아버지 지금 어디 계세요? 옆집 수진이가 그러는데, 어느 날 갑자기 할아버지가 사라지셨대요. 행방불명되셨다던데요."

민호의 말에 아빠가 깊은 한숨을 내쉬었다.

"그래, 어느 날 갑자기 사라지셨지. 지난해 경주에 내려왔을 때 안 계시기에 어디 며칠 가셨나 했는데, 그 뒤로 영영 소식이 없으셔. 어디서 무슨 사고를 당하신 건 아닌지……."

아빠는 걱정스러운 듯 표정이 어두워졌다.

그 뒤로 이 집에는 아무도 살지 않았다고 한다. 마당에는 잡초가 우거졌고, 집은 점점 버려진 흉가처럼 변해 갔다. 그리고 시간이 지나 준호네가 이사를 왔다. 사라진 선생님을 찾던 준호네 아빠가 마침 경주 박물관으로 발령이 나서 가족들이 함께 살 집이 필요해졌기 때문이다.

아빠 말로는 예전에 선생님께서 집을 부탁한다고 말씀하시며, 집 열쇠 두는 곳을 알려 주셨다고 한다. 아빠는 선생님께서 언젠가는 이 집으로 돌아오시지 않을까 하는

막연한 기대를 갖고 있었다.

해가 저물어 가는 창밖을 내다보며 아빠는 쓸쓸한 표정을 지었다.

민호는 당장이라도 수진에게 달려가 이 얘기를 해 주고 싶어 엉덩이가 근질거렸다. 그래서 준호에게 슬며시 눈짓을 보내고는 서둘러 서재에서 빠져나왔다.

허겁지겁 집 밖으로 달려 나가자 뒤뜰의 나무에 올라가 있던 수진이 나무 밑으로 휙 뛰어내렸다.

수진은 흥분해서 떠들어 대는 민호의 이야기를 듣고는 보란 듯이 말했다.

"거봐, 내 말이 맞지! 너희 아빠랑 그 할아버지랑 이미 알고 있었던 거잖아? 그래서 너희가 이 집에 이사 오게 된 거고."

수진이 의기양양하게 말을 이었다.

"틀림없어. 두루마리는 그 할아버지 거야. 그리고 할아버지는 지금 과거에 있는 게 분명해. 우리처럼 과거로 여행을 떠났다가 못 돌아온 거야. 두루마리를 잃어버렸거나 사고를 당해서!"

수진은 한발 더 나아가 그 할아버지는 역사학자니까 과거가 좋아서 현재로 안 돌아오는 것인지도 모른다는 추측까지 내놓았다.

준호는 어이가 없었지만, 왠지 아주 불가능한 일은 아니라는 생각이 들었다.

"이제 할아버지가 과거에 있다는 게 확실해졌으니까, 어서 과거로 가 보자! 정말로 두루마리를 잃어버렸거나 사고를 당하신 거라면 구해 드려야지!"

수진의 말에 민호는 귀가 번쩍 뜨였다.

'뭐, 구해 드린다고! 그렇지, 우리가 할아버지를 구해 드려야 해!'

민호가 주먹을 불끈 쥐고 말했다.

"시간 없어! 빨리 가자!"

말이 끝나기 무섭게 민호는 지하실로 내달렸다.

"야, 같이 가!"

준호와 수진도 과거 속에 있을지 모르는 할아버지를 생각하며 민호의 뒤를 쫓았다.

잠시 후 지하실 창으로 푸른빛이 번쩍 새어 나오는가 싶더니, 곧 사방이 고요해졌다.

2. 배 위의 낯선 사람들

아이들이 도착한 곳은 바닥이 마루처럼 나무판자로 이어져 있는 곳이었다.

갑자기 바닥이 일렁이는 느낌이 들어 아이들은 놀라서 펄쩍 뛰었다. 뭔가 평소와는 다른 느낌이 들었다.

"앗, 바다다!"

민호가 짐짝 더미 사이로 고개를 내밀고 소리쳤다. 눈앞에 푸른 바다가 펼쳐져 있었다. 그러고 보니 사방에서 비릿한 냄새가 났다. 공기도 축축했다.

수진은 고개를 빼고 주위를 둘러보았다. 짐짝 더미 너머로 푸른 파도가 넘실대고 있었다. 아마도 준호와 민호와 수진은 바다를 오가는 어떤 배 위에 떨어진 모양이었다.

짐짝 더미 양옆으로 뱃전의 나무 난간이 있고, 등 뒤의 돛대* 너머에 선실 같은 것이 보였다.

선실 맞은편 뱃머리 부근에서는 사람들이 어슬렁거리고 있었다.

"저 사람들은 누굴까?"

수진의 말에 준호가 고개를 빼 들었다. 바로 그때 뱃머리 쪽에서 걸걸한 남자 목소리가 들려왔다.

준호와 민호와 수진은 재빨리 짐짝 더미 밑으로 쏙 고개를 숨겼다.

"뭐라고 하는 거지?"

민호가 속닥거렸다. 준호는 "쉿!" 하고는 뱃머리 쪽에서 들

* **돛대**
돛을 매다는 나무 기둥. 돛대에 밧줄로 고정시켰는데, 이 밧줄은 돛대 꼭대기로 올라가는 사다리 구실도 했다. 돛을 조정하는 밧줄은 따로 있었다. 바로 아딧줄과 용총줄인데, 아딧줄로 돛의 방향을 조정하고, 용총줄로 돛을 올리고 내리는 등 길이를 조정했다.

려오는 소리에 귀를 기울였다. 여러 사람이 왁자지껄 떠들고 있었는데, 도무지 무슨 말인지 알아들을 수가 없었다. 발음이나 억양이 우리말 같지 않았다.

"도대체 뭐라고 하는지 모르겠네."

민호가 중얼거리자 수진도 속닥거렸다.

"그러게 말이야. 그런데 목소리 되게 크다."

준호는 문득 '중국 말이 아닐까?' 하고 생각했다. 텔레비전에서 본 중국 사람들 말과 비슷한 것 같았다.

준호는 짐짝 사이로 살짝 고개를 빼고 뱃머리 쪽을 엿보았다. 갑판 위에서 서너 명의 사내들이 서로 삿대질을 하며 고함을 지르고 있었다. 개중 몇몇은 웃통을 벗은 채 씩씩대며 주먹질을 했다. 아무래도 싸움이 크게 벌어진 모양이었다.

'도대체 이곳은 어디일까?'

준호는 불안감에 휩싸여 두루마리를 찾았다. 다행히 두루마리는 짐짝 더미 왼쪽에 있는 돛대 기둥 옆에 모래시계와 함께 떨어져 있었다. 준호가 있는 곳에서 그리 멀지 않았다.

준호는 짐짝 옆으로 몸을 살짝 빼고 팔을 뻗었다. 그 순간 파도에 배가 출렁이며 두루마리가 데굴데굴 굴러갔다. 다행히 모래시계는 민호 쪽으로 또르르 굴렀다.

하지만 모래시계 담당이라고 으스대던 민호는 뱃사람들의 싸움을 구경하느라 정신이 없었다. 수진도 펄럭이는 돛* 밑으로 고개를 요리조리 빼며 싸움 구경에 한창이었다.

준호가 민호의 어깨를 톡톡 치자 민호는 모래시계를 주머니에 대충 쑤셔 넣고는 다시 싸움 구경에 빠졌다.

준호는 두루마리를 잡으려고 몸을 빼고 팔을 쭉 뻗었다. 하지만 두루마리를 잡기에는 팔 길이가 부족했다.

준호는 잠시 주위를 살피고는 짐짝 더미를 돌아나가 바람을 등지고 두루마리 쪽으로 살금살금 기어갔다. 그러고는 재

---

* 돛

돛을 단 배가 나오면서 바람의 힘을 이용하여 항해할 수 있게 되었다. 우리나라에서는 예부터 '삼베 돛'을 주로 썼으며, 통일 신라 시대에는 주 돛과 보조 돛이 달린 쌍돛 배가 있었다. 주 돛은 바람의 힘을 얻고, 보조 돛은 배의 균형을 잡거나 추진력을 더하는 데 쓰였다. 9세기경 신라는 항해술이 발달해, 돛을 이용하여 배가 가는 쪽으로 부는 바람뿐 아니라 맞바람이나 옆바람도 이용할 수 있었다.

빨리 두루마리를 집어 들고 짐짝 더미 쪽으로 돌아왔다.

두루마리를 펼치자 두 개의 국경선이 그려진 지도가 나타났다. 지도 속의 한반도에는 지금의 평양 부근을 지나는 국경선이 하나, 만주와 연해주를 아우르는 드넓은 지역에 국경선이 하나 그어져 있었다. 아마도 통일 신라와 발해가 함께 힘을 떨치던 남북국 시대* 같았다.

준호는 오른쪽 지도로 눈을 돌렸다.

오른쪽 지도에는 서남해의 해안선과 여러 섬들과 바다가 그려져 있었다. 그리고 그 수많은 섬들 가운데 하나에 점이

* 남북국 시대
남쪽의 통일 신라와 북쪽의 발해가 함께 있던 시대를 말한다. 백제와 고구려를 무너뜨린 신라는 우리 땅에 남아 있던 당나라 군사들과 싸워 676년 압록강 너머로 몰아냈다. 이때를 삼국 통일이 완성된 시기로 보고 676년부터 신라가 멸망한 935년까지를 통일 신라라고 부른다. 발해는 698년에 고구려 장수였던 대조영이 고구려 유민과 말갈족을 거느리고 세운 나라. 전성기에는 고구려의 영토를 거의 되찾고, 흑룡강 주변의 흑수말갈 지역까지 영토를 확장했다. 해동성국(바다 동쪽의 번성한 나라)이라 불릴 만큼 위세를 떨쳤으나, 926년 거란족이 세운 요나라에 멸망했다.

찍혀 있었다.

준호는 무심코 중얼거렸다.

"통일 신라의 서남해*에 있던 섬이라면……."

어느새 싸움 구경에 흥미를 잃은 민호와 수진도 두루마리에 고개를 디밀었다.

"형, 여기는 어디야?"

"통일 신라 같은데, 정확히 어딘지는 모르겠어. 서남해 바다 어디쯤인 것 같아."

준호는 그렇게 말하고 일단 배 위의 상황을 살피기 위해 펼쳐 보던 두루마리를 말았다. 그러고서 등에 멘 배낭에 두루마리를 집어넣으려는데, 누군가 불쑥 준호의 팔을 낚아챘다. 그와 동시에 눈앞에서 두루마리가 사라졌다. 순식간이었다.

깜짝 놀라 주위를 둘러보던 준호는 곧 얼굴이 하얘졌다. 등

---

* **서남해**
한반도의 서남쪽에 있는 바다, 곧 서해와 남해가 만나는 부근의 바다를 말한다. 당나라의 동해안과 가깝고 일본으로 가는 길목에 있어서 동아시아 국제 항로의 주요한 뱃길이자, 통일 신라 해상 교통망의 중심이었다.

뒤에서 웬 우락부락한 사내가 두루마리를 움켜쥔 채 준호를 내려다보고 있었다. 낡은 삼베옷 사이로 비어져 나온 사내의 검고 단단한 근육이 햇빛에 번들거렸다.

수진과 민호도 놀라서 멍하니 사내를 쳐다보았다.

"누, 누구세요?"

수진이 묻자 사내가 눈썹을 씰룩거리더니, 고함을 질렀다. 도무지 알아들을 수 없는 소리로, 요란하게!

3. 계집애 소리가 들린 것 같은데?

"내놔요, 우리 거예요!"

사내의 고함 소리에 정신을 차린 민호가 용수철처럼 튀어나가서 두루마리를 빼앗으려고 팔짝팔짝 뛰었다.

사내가 두루마리를 든 손을 높이 쳐들자, 수진이 사내의 팔에 매달리며 소리쳤다.

"우리 거라고요, 빨리 내놔요!"

사내는 아이들을 떨어뜨리려고 몸부림을 치며 알아들을 수 없는 소리로 고래고래 괴성을 질렀다.

그 소리를 듣고 뱃머리에 있던 패거리들이 우르르 몰려왔다. 하지만 패거리들은 사내를 도와주기는커녕, 도리어 사내에게서 두루마리를 빼앗으려 했다.

이내 사내와 패거리들이 한데 뒤엉켜 주먹질을 해 댔다. 아이들은 그 기세에 밀려 사내에게서 떨어져 나왔다.

준호와 민호, 수진은 어떻게든 두루마리를 되찾으려고 뒤엉킨 패거리들 옆에서 얼쩡거리며 저마다 애를 썼다. 준호는 두루마리를 눈에서 놓치지 않으려고 우락부락한 사내의 모습을 눈이 휙휙 돌아가도록 쫓았다. 수진과 민호도 혼란을 틈타 두루마리를 붙잡아 보려고 안간힘을 썼다.

마침내 맨 처음에 두루마리를 빼앗았던 우락부락한 사내가 패거리 중 하나에게 크게 주먹을 휘둘렀다. 주먹을 맞은 남자가 갑판 위에 쿠당탕 나동그라지자 사내에게 달려들던 나머지 패거리들이 주춤하며 물러났다.

주먹 한 방으로 순식간에 싸움이 끝났다. 바닷바람을 머금은 돛이 요란하게 펄럭이는 소리만 날 뿐, 주위가 찬물을 끼얹은 듯 조용해졌다.

두루마리를 움켜쥔 사내가 고함을 지르고는, 아이들을 가리키며 발을 쿵쿵 굴렀다. 그러자 패거리들이 일제히 아이들에게 달려들어 밧줄로 꽁꽁 묶었다.

아이들은 눈앞이 노래졌다.

"형, 이 사람들 누구야? 도대체 지금 뭐라는 거야?"

아이들은 겁에 질린 얼굴로 패거리들을 살펴보았다.

두루마리를 빼앗은 사내를 비롯해 패거리들은 모두 너덜너덜한 삼베옷을 입고 있었다. 오랫동안 씻지 않은 듯 얼굴은 꾀죄죄하고 머리카락은 땀에 절어 엉겨 붙어 있었다.

"어부들 같지는 않은데……."

준호가 혼잣말로 중얼거리자, 수진이 얼굴을 찌푸리며 말했다.

"어휴, 지저분해. 몇 달은 안 씻은 것 같아!"

그러자 민호가 말했다.

"형, 혹시 해적이 아닐까?"

"해적은 무슨……."

준호는 그렇게 말하면서도 민호의 말에 일리가 있다고 생각했다. 대낮부터 술에 취해 있는 것 하며, 두루마리를 차지하려고 자기들끼리 치고받고 싸우는 것이 아무리 생각해도 평범한 어부나 뱃사람 같지는 않았다. 그러고 보니 이 배도 고기잡이배나 물건을 실어 나르는 배로 보이지는 않았다.

'그렇다면 이 배는 해적선?'

골똘히 생각에 잠겨 있던 준호는 세찬 바람을 타고 멀리서 푸른 파도가 넘실넘실 다가오자 속이 울렁거려 헛구역질을 했다.

그때였다.

"웬 놈들이냐? 몽땅 선실에 처넣었는데, 어떻게 빠져나온 거지? 포로 감시를 어떻게 했기에!"

준호와 민호와 수진은 고개를 번쩍 쳐들었다. 목소리의 주인은 분명히 우리말을 쓰고 있었다.

우리말을 하는 사람이 나타나자, 아이들은 약속이나 한 듯이 입을 다물고 사내의 말에 귀를 기울였다.

사내는 아이들이 선실에서 탈출한 포로인 줄 아는 모양이었다.

사내가 혀를 끌끌 찼다.

"한심한 것들! 당나라*에 도착해서 포로들을 노예로 팔아 치우려면 아직도 갈 길이 먼데 벌써부터 술타령에 싸움 타령이라니, 원. 쯧쯧쯧!"

"당나라에 노예로 팔아 치운다고?'

준호는 몸이 덜덜 떨렸다. 민호의 말처럼 이 패거리들은 해적이거나 노예 상인인 것 같았다. 민호와 수진도 사내의 말을 듣고 두려움에 떨었다.

사내는 매서운 눈초리로 패거리들을 훑어보고는 입술을 씰룩이며 아이들 쪽으로 다가섰다.

"언뜻 계집애 목소리가 들리는 것 같던데……. 아까 포로

---

* 당나라

618년에 세워진 중국의 왕조. 장안을 도읍으로 삼았으며 강력한 왕권을 중심으로 전성기를 열었다. 한반도의 고구려, 백제, 신라를 비롯해 동아시아 여러 나라와 교류하며 영향을 끼쳤다. 비단길을 통해 아라비아, 인도 등과 활발하게 무역을 벌여 주변의 동아시아 국가들에서도 국제 무역이 활발해지게 했다.

들을 잡을 때는 계집애가 없었는데, 이상해. 혹시 재수 없게 배에 계집애가 탔으면 끝장이야. 바다 신의 노여움을 사서 배가 뒤집히고 만다고. 그러기 전에 계집애를 찾아서 당장 바닷속에 처넣어야 하는데…….."

사내가 아이들의 코앞까지 얼굴을 들이대고는 말했다. 준호와 민호와 수진은 가슴이 철렁했다. 여자애가 있으면 바닷속에 처넣는다니, 수진이 여자라는 것이 들통나면 그야말로 끝장이었다.

사내의 날카로운 눈빛이 수진에게 꽂혔다. 사내가 수진의 턱을 요리조리 뜯어보았다.

수진은 겁에 질린 눈빛으로 사내를 보았다. 쭉 찢어진 눈과 뒤로 묶은 긴 머리, 그리고 뺨에 난 칼자국까지, 보기만 해도 소름이 끼쳤다.

사내가 바지 차림의 수진을 아래위로 훑어보며 말했다.

"흐음, 차림새는 사내놈이 분명한데, 얼굴은 영락없는 계집애란 말이지. 요상하군."

아이들은 숨이 멎을 것만 같았다. 언제 어디서나 할 말이 있는 민호조차 말을 잃었다.

"어디, 옷을 벗겨서 확인해 볼까?"

사내가 그렇게 말하며, 수진의 밧줄을 풀었다.

그때 민호가 용감하게 나섰다.

"계집애 아니에요! 그 녀석이 워낙 예쁘게 생겨서 계집애 같다는 소릴 많이 듣긴 하지만, 남자한테 무슨 실례의 말씀을! 그 녀석은 제 둘도 없는 친구인걸요. 그렇죠, 형님?"

민호가 묻자 준호는 얼결에 고개를 끄덕였다. 뱃멀미 때문에 얼굴이 백지장 같았다.

"사실이냐?"

사내가 눈을 부릅뜨고 을러메자 준호는 고개를 끄덕이며 사내의 얼굴을 향해 연신 헛구역질을 해 댔다.

"에잇, 더럽게!"

사내가 고개를 돌리며 얼굴을 찌푸렸다.

수진은 끽소리도 못했다. 말을 하려야 할 수가 없었다. 목

소리 때문에 여자애라는 것이 탄로 나면 당장 바닷속에 처넣어질 터였다.

사내가 수진의 턱을 바짝 끌어당기며 물었다.

"그런데 왜 넌 아무 말이 없지? 어디, 네 입으로 말해 봐. 사내냐, 계집이냐?"

수진은 겁에 질려 눈을 희번덕거렸다. 바닷바람이 세차게 수진의 얼굴을 할퀴고 지나갔다.

민호가 얼렁뚱땅 둘러댔다.

"물어봤자 소용없어요. 걔는 벙어리거든요. 소리는 듣지만 말은 못해요."

그러자 수진은 민호의 말이 맞다는 듯, 사내와 민호를 번갈아 쳐다보며 고개를 마구 끄덕였다. 수진이 손짓 발짓으로 말을 못하는 시늉을 하자 주위에 있던 패거리들도 덩달아 고개를 끄덕였다. 우리말을 몰라서 그때까지 멀뚱멀뚱 쳐다보기만 하다가, 수진의 손짓 발짓으로 무슨 말이 오가는지 대강 알아차린 것이다. 다만 맨 처음 만났던 우락부락한 사내

만은 이상하다는 듯 고개를 갸우뚱거렸다.

준호가 다시 헛구역질을 시작하자, 사내는 수진의 턱을 놓아주고 바닥에 침을 찍 뱉었다.

"다행이군, 계집이 배를 타면 재수가 없어서 말이야."

그러고는 웃통을 벗으며 부하에게 채찍을 가져오라고 했다. 다른 포로들에게 탈출하면 어떻게 되는지 본때를 보여 주려는 심산이었다. 그래야 다시는 탈출할 엄두를 내지 않을 거라며, 사내는 다시 침을 찍 뱉었다.

세찬 바닷바람에 돛이 울부짖듯 펄럭였다. 준호와 민호와 수진은 숨이 멎을 것만 같았다. 산 넘어 산이라고, 간신히 바다에 처박힐 위기를 벗어나는가 싶더니 이번에는 꼼짝없이 채찍질을 당하게 된 것이다.

"살려 주세요! 다시는 안 그럴게요!"

"잘못했어요. 용서해 주세요!"

준호와 민호가 소리치자 수진도 사내의 다리를 붙잡고 싹싹 빌었다.

사내는 눈 하나 깜짝 않고 "조용히 해!" 하고 소리치며 수진에게 발길질을 했다.

수진은 여자인 것이 탄로 날까 봐 비명도 지르지 못했다.

쿵! 그 순간 둔탁한 큰 소리와 함께 배가 크게 흔들렸다. 뭔가가 배에 부딪힌 것 같았다. 배에 있던 사람들이 저마다 비명을 지르며 이리저리 처박히거나 부딪혔다. 술통과 그릇, 수저와 쇠솥 따위도 갑판 위를 아무렇게나 굴러다녔다.

준호와 민호는 밧줄에 묶인 채 짐짝처럼 이리저리 갑판에서 떠밀려 다녔다. 수진도 준호와 민호를 꼭 붙잡은 채 한 덩어리가 되어 떠밀려 다녔다.

잠시 후 또다시 뭔가가 쿠쿵 하고 배를 들이받았다. 그러자 우락부락한 사내가 비틀거리더니 두루마리를 손에서 놓쳤다.

"아, 안 돼!"

준호는 뱃멀미 때문에 정신을 못 차리면서도 두루마리가 뱃전으로 굴러가는 것을 보고 소리쳤다.

4. 바다 위의 전투

배가 좌우로 기우뚱거릴 때마다 갑판은 그야말로 아수라장이었다. 해적들은 서로 떠밀리고 부딪치며 눈에 보이는 것을 닥치는 대로 붙잡고 고함을 질러 댔다.

난리 통에 준호는 그만 눈에서 두루마리를 놓치고 말았다. 두루마리는 앗 하는 사이에 사람과 물건이 뒤엉켜 나뒹구는 배 한가운데로 굴러가 사라져 버렸다.

잠시 후 요동치던 배가 잠잠해졌다. 갑판에 쓰러져 있던 해적 패거리들이 하나둘 정신을 차리고 신음 소리를 내며 비틀비틀 일어났다.

그때였다.

어디선가 화살 하나가 날아와 돛대 기둥에 세차게 박혔다. 그 화살을 시작으로 수많은 화살들이 빗발치듯 날아들었다.

"으아악!"

해적 패거리들은 난데없이 날아든 화살을 피해 짐짝 더미며 기둥을 찾아 몸을 숨겼다. 화살을 맞고 갑판에 쓰러지는 사람, 비명을 지르며 나뒹구는 사람, 뱃전 난간에 필사적으로 달라붙은 사람도 있었다.

곧 낯선 배 한 척이 다가와 해적선에 널다리를 걸쳤다. 그리고 허리에 칼을 찬 사람들이 널다리를 통해 날렵하게 해적선으로 건너왔다.

해적들이 정신없는 틈을 타서, 수진이 준호와 민호의 밧줄을 풀어 주었다. 아이들은 풀려난 기쁨을 누릴 새도 없이 행여 해적들이 볼까 봐 짐짝 더미 뒤에 숨어 가만히 숨을 죽였다.

칼을 찬 사람들 너머로 몇 대의 배가 더 다가와서 해적선을 에워쌌다. 하지만 숨어 있던 준호와 민호와 수진은 무슨 일이 일어나고 있는지 알 길이 없었다. 답답하고 불안했지만, 안전한 것이 확실해질 때까지 참고 기다리는 수밖에 없었다.

"이야압!"

갑자기 바닥에 엎드려 있던 해적들이 고함을 지르며 칼을 찬 사람들에게 달려들었다.

술에 취해 비틀거리며 헛손질을 하는 해적도 있었지만, 칼을 제대로 휘두르는 해적도 있었다. 두루마리를 빼앗았던 우락부락한 사내와 우리말을 하던 사내도 제법 칼을 다룰 줄 아는지 허공에 날카로운 바람 소리를 내며 칼을 뽑아 들었다.

하지만 널다리를 건너온 사람들이 몇 차례 칼을 휘두르자 해적들은 하나같이 맥없이 나가떨어졌다. 싸움깨나 하는 것처럼 보였던 우락부락한 사내도 칼을 맞고는 바닥에 무릎을 꿇었다.

덤벼들던 해적들은 힘에 밀려 눈 깜짝할 사이에 갑판 구석으로 몰렸다.

곧 세찬 바닷바람이 약속이나 한 듯 잦아들었다.

준호는 식은땀을 흘리며 한숨을 내쉬었다.

잠시 뒤, 널다리를 통해 키가 크고 몸집이 좋은 사내가 칼을 찬 부하들의 호위를 받으며 해적선으로 건너왔다. 보랏빛 비단옷이 햇빛에 눈부시게 빛났다.

사내는 갑옷을 입지는 않았으나, 한눈에도 우두머리임을 알 수 있을 만큼 기골이 장대하고 인물이 훤했다.

먼저 해적선에 넘어와 있던 사람들이 그에게 고개를 조아렸다. 참모인 듯한 사람 하나가 그의 뒤를 그림자처럼 쫓으며 갑판 위에 섰다.

"모두 진압했습니다!"

부하 가운데 하나가 앞으로 나서며 보고했다.

비단옷을 입은 사내는 짧게 고개를 끄덕이고는, 무릎을 꿇고 있는 해적들 앞으로 천천히 다가갔다.

사내가 소리쳤다.

"네 이놈들! 이곳이 어디라고 감히 해적질이냐! 노예 매매*가 엄연히 금지되어 있거늘, 신라 바다 한가운데서 죄 없는 신라인들을 노예로 끌고 가다니! 추저우와 양저우* 등에 넘치는 신라인 노예들도 모두 네놈들 짓이렷다! 그러고도 목숨이 성할 줄 알았더냐!"

'해적'이라는 말에 민호가 눈을 크게 뜨며, 준호의 옆구리를 찔렀다.

"거봐, 내 말 맞지? 해적이라잖아!"

준호는 쉿 하고 사내의 말에 귀를 기울였다.

사내가 칼로 바닥을 쿵 내리치며 호통을 쳤다.

* 노예 매매
당나라에서 무역이 활발해지면서 일손이 많이 필요해지자, 공짜로 부릴 노예를 찾는 사람이 늘었다. 그 때문에 불법으로 노예를 사고파는 일이 많아졌고, 신라 백성을 강제로 잡아다가 노예로 파는 일까지 빈번히 일어났다. 이에 신라는 해적들을 막아 달라고 당나라에 요청했다. 당나라는 신라인 노예 매매를 금지하는 법을 만들고 당나라에 끌려 온 신라 노예를 돌려보내라는 칙령을 내렸다. 하지만 장보고가 소탕하기 전까지, 해적들은 신라의 힘없고 가난한 백성들을 끊임없이 괴롭혔다.

"사람으로 태어나 어찌 노예 사냥을 한단 말이냐! 가난한 신라 백성들을 붙잡아 당나라에 노예로 팔아넘기다니, 네놈들은 천벌을 받아 마땅하다!"

분노에 찬 사내의 목소리가 쩌렁쩌렁 울렸다. 해적들은 갑판 바닥에 고개를 처박은 채 벌벌 떨었다.

준호는 사내의 말을 들으며 비로소 마음을 놓았다.

'살았다!'

이곳은 준호의 짐작대로 통일 신라 시대였다. 당나라 해적선에 떨어진 준호 일행은 노예로 끌려가다가 비단옷을 입은 사내 일행에게 간신히 구출된 것이다.

*** 추저우와 양저우**

당나라의 대표적인 무역 도시로 세계 여러 나라의 배들이 드나들었다. 추저우는 당나라의 주요한 물길들이 만나는 곳으로, 세계의 무역품들이 거래되는 무역 도시였다. 추저우에는 외국인들이 거주하는 번방이 많았는데, 신라방도 있어서 해운업과 무역업을 하는 신라인들이 모여 살았다. 양저우는 대운하와 양쯔강 하류가 만나는 곳으로, 수많은 무역선들이 오갔으며 신라 무역상뿐 아니라 아라비아 상인 등 각국 상인들이 머물렀다.

"저 사람, 우리나라 말을 하네? 오빠, 저 사람은 우리 편일까?"

수진이 묻자 민호가 대답했다.

"그럼! 우린 이제 살았어. 저 사람은 해적*들한테 붙잡힌 신라 사람들을 구하러 온 장군이 분명해!"

준호는 수진과 민호에게 조용히 하라는 신호를 보냈다.

"여봐라, 놈들을 당장 포박하라! 그리고 배 안에 노예로 잡힌 신라인들이 있는지 살펴보아라. 신라인은 모두 우리 배로 데려가 정성껏 보살펴 주어라!"

사내가 명령하자 부하들이 일제히 고개를 숙이며 "네!" 하고 우렁차게 대답했다.

곧 사내의 부하들이 해적들을 밧줄로 꽁꽁 묶고는, 배

*** 해적**

9세기 초 당나라가 혼란스러워지면서 해적이 들끓었다. 약탈과 불법 무역을 일삼던 당나라 해적들은 무역품뿐 아니라 당시 금지되어 있던 노예 매매도 서슴지 않았다. 신라의 서해 바닷가에 나타나서 힘없는 사람들을 강제로 끌고 가 노예로 팔아넘기기도 했다. 당시에는 신라 조정도 귀족들의 권력 다툼으로 혼란스러워 해적들을 막지 못했다.

안을 샅샅이 뒤지기 시작했다.

"선실부터 뒤져라!"

누군가 소리치자 부하들이 선실로 우르르 몰려갔다.

민호와 수진은 고개를 빼고 갑판 위를 살폈다. 그러다 돛대 기둥 뒤에 떨어져 있는 두루마리를 발견하고는 눈이 반짝 빛났다.

"앗, 저건 두루마리잖아!"

민호가 수진의 옆구리를 쿡 찔렀다. 두루마리는 수진이 손을 뻗으면 닿을락 말락 한 곳에 떨어져 있었다.

"야, 빨리 주워. 어서!"

민호가 속닥거리자 수진이 고개를 끄덕이고는 두루마리 쪽으로 살그머니 손을 뻗었다.

마침 배 안을 둘러보던 우두머리 사내도 바닥에 떨어져 있는 두루마리를 보고는 그쪽으로 다가왔다.

사내는 짐짝 더미에서 비어져 나온 가느다란 팔을 보고 걸음을 멈추었다. 그 팔은 더듬더듬 무언가를 열심히 찾

고 있었다.

이내 가느다란 팔이 두루마리를 잡더니, 짐짝 더미 뒤에서 속삭이는 소리가 들렸다.

"잡았다!"

잇따라 다른 목소리가 들렸다.

"좋았어! 잘했어!"

사내는 고개를 갸웃거리며 소리가 난 곳을 내려다보았다. 작고 까만 머리통 세 개가 자그맣게 소곤대고 있었다.

사내가 그 사이로 고개를 들이밀고 물었다.

"너희는 누구냐? 포로로 잡힌 아이들이냐? 그리고 그건 뭐지?"

준호와 민호와 수진은 소스라치게 놀랐다. 기골이 장대한 사내가 부리부리한 눈으로 아이들을 보고 있었다.

5. 이 지도를 팔지 않겠느냐?

아이들은 숨어 있던 짐짝 더미에서 쭈뼛쭈뼛 나왔다. 사내의 뒤를 그림자처럼 쫓던 참모와 호위하던 부하들이 칼집에 손을 갖다 댔다. 아이들이 조금이라도 수상한 짓을 하면 단칼에 베어 버릴 기세였다.

"어허, 칼을 거두라! 어린아이들이 아니냐!"

사내가 꾸짖자 부하들이 뒤로 물러났다.

사내가 다시 물었다.

"너희는 누구냐? 포로로 잡힌 아이들이냐? 그리고 손에 들고 있는 그건 뭐지? 어디 좀 보여 주겠느냐?"

사내의 목소리는 해적들에게 호통을 치던 때와 달리 부

드럽고 온화했다. 하지만 눈빛만큼은 매섭게 빛났다.

준호는 뱃멀미로 얼굴이 하애진 채 수진한테 받은 두루마리를 보았다. 만에 하나 사내에게 두루마리를 건넸다가 돌려받지 못하면, 집으로 돌아갈 수 없었다.

"어허! 이놈들, 어서 대사님께 드리지 못할까!"

참모가 윽박지르자 대사라는 사내가 손을 내저으며 말렸다.

준호는 선뜻 결심이 서지 않았다. 하지만 자신들을 구해 준 사람이 보여 달라는데, 무조건 거절할 수도 없었다.

'설마 두루마리를 빼앗지는 않겠지?'

준호가 우물쭈물 두루마리를 내밀자 민호가 말했다.

"보고 꼭 돌려주셔야 해요. 이건 우리 거니까요!"

"알았다. 걱정 마라."

대사는 빙긋 웃으며 두루마리를 받아 들고 활짝 폈다. 그러더니 놀라운 광경을 본 듯 눈이 커졌다.

대사가 고개를 번쩍 쳐들고 아이들에게 물었다.

"이것은 지도가 아니냐? 어린아이들이 어찌 이 귀한 것을 지니고 있는 거지? 대체 어디서 난 것이냐?"

아이들은 말문이 막혔다.

"대사님, 저도 좀 보여 주십시오."

참모가 어깨 너머로 두루마리를 바라보며 말했다.

두루마리를 건네받은 참모도 눈이 휘둥그레졌다.

"아니, 이것은 서남해의 지도가 아닙니까! 이 귀한 것을 어린아이들이 갖고 있다니, 아무래도 이 아이들이 의심스럽습니다. 츠산에 있는 법화원*에서조차 이런 지도는 구할 수가 없습니다. 일단 지도를 압수하고, 아이들을 조사해 보는 게 좋을 듯합니다."

참모가 아이들을 다그쳤다.

"네 이놈들! 어서 바른대로 고하거라! 이 지도가 어디서 났느냐?"

아이들은 뭔가 그럴듯한 말을 둘러대고 싶었지만, 도무지 생각이 나지 않았다.

* 법화원

장보고가 당나라 산둥반도 츠산에 세운 절. 안전한 항해를 기원하던 곳으로, 당나라로 유학을 가거나 일하러 간 신라인들의 거처로도 쓰였다. 또 청해진 병마사가 드나들며 무역 일을 처리하는 곳이었으며, 해마다 500섬의 곡식을 거두는 드넓은 장원(농장)을 갖고 있기도 했다. 법회가 열릴 때면 신라인이 200~250명이나 참석했던 것으로 보아, 법화원은 산둥반도에 있던 신라방이나 신라촌의 신라인들이 모이는 큰 절이었을 것으로 추정된다. 사진은 1990년에 중국 정부가 복원하여 개관한 법화원으로, 경내에 장보고 기념관이 있다.

문득 수진의 머릿속에 사라진 할아버지가 떠올랐다. 지금까지 아무 말 없이 있던 수진이 입을 열었다.

"이거, 우리 할아버지 거예요."

수진의 입에서 여자아이의 목소리가 흘러나오자 갑판 위에서 무릎을 꿇고 묶여 있던 해적들이 눈을 휘둥그레 뜨고 수진을 보았다. 그러고는 저마다 한마디씩 소리쳤다.

"벙어리라더니?"

"계집애였어!"

"속았다!"

중국말인 데다 한꺼번에 소리쳤기 때문에 무슨 말인지 알 수 없었지만, 아마도 그렇게 말하는 듯했다.

부하 하나가 바닥에 칼을 쿵 내리치며 소리쳤다.

"어허, 조용히 하지 못할까!"

해적들은 입을 다물기는 했지만, 분하다는 표정으로 계속 수진을 째려보았다.

수진이 태연스레 말했다.

"이 지도는 우리 할아버지 건데, 저 사람들이 우리를 붙잡고 빼앗아 갔어요."

민호도 아까 두루마리를 빼앗기던 순간이 생각나서 분하다는 듯 거들었다.

"맞아요! 억지로 빼앗았어요. 밧줄로 묶고 발로 찼어요. 나쁜 사람들이에요!"

그러자 대사가 민호와 수진을 빤히 바라보며 물었다.

"그래, 이 지도가 너희 할아버지 것이라고? 할아버지께서는 무슨 일을 하는 분이시기에 이 귀한 지도를 너희에게 맡기셨느냐? 궁금한 게 한두 가지가 아니구나. 우선 너희는 어디 사는 아이들이냐?"

"우린 경주에 살아요. 우리 할아버지도요."

수진이 대답하자 대사가 어리둥절해하며 되물었다.

"경주? 그곳이 어디냐?"

준호는 의아해하는 대사의 표정을 보며 아차 싶었다. 통일 신라 시대 사람이 경주를 알 리 없었다. 경주라는 이름은 고려 시대부터 쓰였으니까.

준호는 민호나 수진이 엉뚱한 대답을 하기 전에 얼른 대답했다.

"아, 서, 서라벌(경주의 옛 이름)이요! 서라벌에 있는 작은 마을 경주에 살아요."

이번에는 수진과 민호가 어리둥절한 표정을 지었다. 하지만 대사는 준호의 말을 듣고 깜짝 놀라서 큰 소리로 물었다.

"아니, 서라벌에서 여기까지 왔단 말이냐!"

서라벌이라면 신라의 지체 높은 귀족들이 대대로 모여 사는 곳이다. 그렇다면 이 아이들도 보통 집 아이들이 아닐 가능성이 높았다.

대사는 아이들을 유심히 바라보았다. 차림새가 좀 이상하긴 하지만, 포로 처지에 옷을 변변히 갖춰 입을 수는 없었을 터였다.

뱃멀미로 얼굴이 백지장처럼 질린 준호는 힘겹게 말을

이었다. 덕분에 준호의 이야기는 아주 믿음직스럽게 느껴졌다.

"네, 할아버지 심부름으로 두루마리를 갖고 오다가 그만……."

준호가 말끝을 흐리자, 대사 옆에 있던 참모가 답답하다는 듯이 말했다.

"대사님께서 이 아이들의 목숨을 구해 주셨으니, 그 대가로 저 지도를 취하셔도 되지 않겠습니까?"

대사는 천천히 고개를 가로저었다. 그러고는 걱정스러운 눈빛으로 자신을 바라보는 아이들에게 깍듯하게 부탁을 했다.

"우리한테 이 지도가 있으면 아주 요긴할 것 같구나. 그러면 이 부근을 오가는 배들이 더욱 안전하게 항해할 수 있단다. 암초가 많은 해안에 가까워질수록 지형지물을 알고 있으면 도움이 되니까 말이야. 혹시 그 지도를 내게 팔지 않겠느냐? 값은 후하게 쳐주마."

대사의 말이 떨어지기 무섭게 세 아이가 동시에 외쳤다.

"안 돼요!"

민호가 덧붙였다.

"지도가 없으면 집으로 돌아갈 수 없어요."

대사는 민호의 단호한 태도에 너털웃음을 터뜨렸다.

"그렇다면 어쩔 수 없지. 아쉽지만 돌려주마."

대사가 준호에게 지도를 내밀자 참모는 안타까워서 속이 시커멓게 타들어 가는 것 같았다.

"대사님, 이 귀한 것을 어찌 아이들 말만 믿고 넘겨주신단 말입니까? 이 지도가 저 아이들 것이란 확실한 증거도 없고, 어차피 우리가 구해 주지 않았으면 해적들 손에 넘어갔을 물건입니다. 대사님께서 취하신다 해도 전혀 부당한 일이 아닙니다."

그러자 웃고 있던 대사의 얼굴이 딱딱하게 굳어졌다.

대사가 엄하게 말했다.

"어허, 무슨 소릴 하는 겐가! 해적처럼 남의 것을 함부로 빼앗자는 얘기인가! 비록 어리다고는 해도, 아이들이 자기들 것이 분명하다지 않는가! 그렇다면 주인에게 돌려주는 것이 마땅하네."

대사의 호통에 참모는 고개를 숙이며 물러섰다. 하지만 얼굴에는 불만이 가득했다.

"지도가 워낙 귀하다 보니, 욕심이 이는 게다. 자, 어서 받아라."

준호는 두루마리를 돌려받으며 대사에게 고맙다고 인사했다.

아이들은 위엄 있고 공정한 대사를 존경스러운 눈빛으로 바라보았다.

그때 한 무리의 사람들이 대사 쪽으로 다가왔다. 여자는 한 명도 없고 모두 남자였는데, 얼굴이 초췌하고 비쩍 마른 데다 차림새가 꾀죄죄한 것이 몰골이 말이 아니었다.

모두 해적들에게 노예로 잡혀 있던 신라 사람들이었다. 대부분 흉년으로 살 길이 막막해지자 일거리를 찾아 당나라로 건너가려다, 속아서 해적선에 탄 뒤 노예로 팔려 가던 길이었다.

"그간 얼마나 고생이 많으셨습니까? 이제 고향으로 무사히 돌아갈 수 있을 테니, 걱정 마십시오."

대사가 인자하게 말하자 사람들은 감격에 차서 만세를 부르고 서로 부둥켜안으며 눈물을 흘렸다. 기뻐서 껑충껑충 뛰거나 목이 터져라 함성을 지르는 사람도 있었다.

"대사님, 절 받으십시오! 대사님 덕분에 목숨을 건지고, 고향으로 돌아갈 수 있게 되었습니다. 고맙습니다, 고맙습니다, 대사님!"

늙수그레한 아저씨가 말하자, 사람들이 일제히 바닥에 엎드려 대사에게 큰절을 올렸다. 수진과 민호, 준호도 덩달아 절을 했다.

대사가 사람들의 손을 잡아 일으키며 말했다.

"일어나십시오. 자, 우리 배에 음식과 옷이 있으니, 어서 건너갑시다. 그리고 다 함께 청해진으로 갑시다!"

청해진.

그 말을 듣는 순간 준호는 머리카락이 쭈뼛 서는 것 같았다. 청해진*이라면, 저 유명한 해상왕 장보고가 활약하던 곳 아닌가!

그렇다면 이 사람은? 커다란 키와 다부진 몸, 부하들을 호령하는 늠름한 모습. 배를 타고 바다를 누비며 신라 사람들을 노예로 잡아가는 해적들을 소탕하고 바다를 주름잡은 사람은 단 한 사람밖에 없었다.

"해상왕 장보고!"

준호는 장보고를 우러러보며 무심코 중얼거렸다.

"장보고?"

민호가 되물었지만, 준호는 넋을 잃고 장보고의 모습을

---

* 청해진

장보고가 완도 일대에 설치한 군사 기지이자 무역 기지. '해적을 소탕하여 바다를 깨끗하게 한다'는 뜻을 담고 있다. 완도는 중국과 신라, 일본을 잇는 동아시아 뱃길의 주요한 지점으로, 오가는 배들을 한눈에 볼 수 있고 수심이 깊어 배를 대기도 쉬웠다. 장보고는 청해진을 근거지로 삼아 해적을 소탕하고, 이후에는 무역 기지로 만들어 당나라, 신라, 일본 사이의 무역을 주도했다.

올려다볼 뿐이었다.

"자, 너희도 우리 배로 가자꾸나."

장보고가 아이들을 돌아보며 말하자 참모가 물었다.

"저 해적 놈들은 어떻게 할까요? 요즘 당나라, 일본과 무역이 부쩍 늘어나서 일손도 딸리는데, 청해진으로 끌고 가서 노예로 쓰는 것이 어떻겠습니까?"

장보고는 단호하게 고개를 저었다.

"해적들과 똑같은 짓을 할 수는 없다. 어찌 사람들을 강제로 끌고 가 노예로 부린단 말이냐. 무기만 빼앗고 풀어 주어라."

참모는 마뜩잖은 얼굴로 부하들에게 명령했다.

"대사*님께서 놈들을 풀어 주랍신다."

장보고의 부하들이 밧줄을 풀어 주자, 해적들은 어리둥

* 대사
장보고의 직함. 신라에서 청해진의 최고 지휘자인 장보고에게 내린 벼슬로, 당시 신라에는 없던 특별한 직함이었다. 이 직함에서 당나라와 활발하게 무역을 벌인 장보고와 청해진을 신라 왕실에서 특별히 여겼음을 알 수 있다.

절하여 자기들끼리 쑤군거렸다.

장보고가 쩌렁쩌렁한 목소리로 해적들에게 외쳤다.

"사람은 누구나 한 번은 실수할 수 있다. 너희도 가난 때문에 해적질을 했을 테니, 이번에는 용서하겠다. 고향으로 돌아가 사람답게 살아라. 하지만 다시 신라 바다에서 해적질을 하면, 그때는 목숨을 부지할 수 없을 것이다. 알겠느냐!"

아까 우리말을 하던 해적이 장보고의 말을 중국 말로 옮겨 주었다. 해적들은 어안이 벙벙한 듯 멍하니 입을 벌리고 장보고를 쳐다보았다.

▲ 신라방이 있던 곳

* **신라방**

당나라에서 살던 신라인들의 자치 구역. 당나라와 무역이 활발해지면서 많은 신라인들이 당나라로 건너갔고, 이들이 한곳에 모여 살면서 신라방이 생기기 시작했다. 신라인들은 주로 당나라 동해안에 퍼져 살았으며, 추저우와 양저우 등지에는 독립적인 자치 구역인 신라방이 있었다. 신라방에 거주하던 신라인들은 상업, 무역, 운송업, 조선업 등을 하며 신라의 국제 무역에서 큰 역할을 했다.

통역을 하던 해적이 장보고 앞에 무릎을 꿇었다.

"대사님, 저도 청해진으로 데려가 주십시오! 대사님의 명성은 익히 들어 알고 있습니다. 추저우와 양저우, 덩저우에 신라방*을 세워 신라인들을 한데 뭉치게 하고 장사를 크게 일으키셨다고요. 저도 먹고살 게 없어 어쩔 수 없이 해적질을 했지만, 이제 새사람이 되어 살고 싶습니다. 대사님 밑에서 일할 수 있게 해 주십시오. 시키는 일은 뭐든지 하겠습니다!"

장보고는 흔쾌히 허락했다. 참모는 이번에도 걱정스러운 얼굴로 장보고를 쳐다보며 한숨을 쉬었다.

"내가 또 자네 마음에 안 드는 일을 했구먼. 이해하게. 모두 배고픈 사람들이 아닌가. 장사를 하든 농사를 짓든, 일을 해서 주린 배를 채울 수 있다면 저들도 새사람으로 거듭날 걸세. 두고 보게. 저들이 신라의 새로운 힘이 될 테니!"

장보고는 참모의 어깨를 툭툭 두드리고는 아이들과 함

께 가장 큰 배로 건너갔다. 참모는 못 말리겠다는 듯 고개를 절레절레 젓고는 장보고의 뒤를 따랐다.

준호는 가슴이 쿵쿵 뛰었다. 뱃멀미에 설레는 마음이 겹쳐 현기증까지 일었다.

이제부터 장보고의 멋진 무역선을 타고 드넓은 바다를 건너 청해진으로 가는 것이다. 해상왕 장보고의 근거지인 청해진으로!

6. 바다 위의 왕국, 청해진

준호는 바닷바람을 맞으며 뱃전에 서 있었다. 그렇게 서 있으니 멀미가 조금 가라앉는 것 같았다.

주위는 온통 푸른 바다였다. 준호는 난생처음 배를 타는 데다 망망대해 한가운데 있는 터라 두려운 마음이 들었지만, 바다의 왕 장보고와 함께 있어 마음이 든든했다. 장보고를 따르는 배의 무리를 바라보자니 통일 신라 시대에 바다를 호령하던 장보고 선단의 일원이 된 것 같아 가슴이 벅차오르기까지 했다.

천여 년 전의 바다이기 때문일까. 바다는 준호가 알던 것보다 훨씬 맑고 깨끗해 보였다. 민호와 수진은 배 이곳저곳을

구경하느라 정신이 없었다.

오후가 되면서 바람이 바다에서 육지로 불기 시작하자 배가 미끄러지듯 나아갔다. 바람을 한껏 받은 돛의 힘으로 배는 점점 빨리, 힘차게 항해했다.

멀리 복숭앗빛 구름이 보이는가 싶더니 곧 섬들이 나타났다. 바다 빛깔도 짙푸른 청색에서 고운 초록빛으로 변했다. 바다 위에 산처럼 솟은 작은 섬들이 눈앞으로 다가왔다가 다시 배 뒤로 멀어지며 바다 너머로 사라져 갔다.

육지가 가까워지자 뱃머리에서 항해를 지휘하던 사람이 소리쳤다.

"암초를 조심하라! 수심이 낮은 곳에 좌초되지 않도록!"

이윽고 바닷새들이 점점 더 많아지더니, 멀리 해안가에서 뿔 나팔 소리가 들려왔다. 장보고가 이끄는 배들을 보고 저 멀리 망대에서 푸른 깃발을 휘날렸다.

부두에는 수많은 배들이 끝없이 드나들고 있었다. 배를 마중 나온 사람들은 저마다 환호성을 올리거나 팔을 흔들며 배가 도착하기를 기다렸다.

배는 섬 안쪽으로 움푹 들어간 항구로 천천히 들어가 돌을 길게 쌓아 만든 부두에 정박했다. 곧 부두에서 일하는 일꾼들이 배에 줄을 매고 배와 부두 사이에 널다리를 놓았.

일꾼들이 소리쳤다.

"어서 오십시오. 다들 고생하셨습니다!"

"아이고, 저 배 좀 봐라! 대사님께서 몸소 다녀오시니, 배가 아주 묵직하네!"

뱃사람들을 마중 나온 아낙네들과 아이들도 환호성을 올리며 장보고 일행을 따뜻하게 맞았다. 장보고는 아이들의 머리를 쓰다듬으며 환하게 웃었다.

준호와 민호와 수진은 이곳 사람들이 장보고를 얼마나 존경하고 사랑하는지 알 것 같았다. 장보고는 단호하지만 아량을 베풀 줄 알았고, 엄하지만 마음이 따뜻한 사람이었다. 두루마리도 그냥 가질 수 있었지만 그렇게 하지 않았다. 해적들도 새 삶을 살라며 풀어 주었다. 준호와 민호와 수진은 장보고에게 점점 빠져들었다.

"무사히 다녀오신 것을 감축드립니다."

군복을 입은 장수 하나가 부하들을 거느리고 다가와 고개를 숙였다. 장보고가 반가운 듯 미소를 지으며 대꾸했다.

"오, 청해진 병마사*도 나오셨구먼. 별고 없었는가?"

장보고가 묻자 청해진 병마사는 "네." 하고 짧게 대답하고는 장보고가 내민 손을 마주 잡았다.

그 모습을 보며 준호는 역사책에서 보았던 '장보고는 청해진에 무역의 왕국을 건설했다'는 말을 떠올렸다.

장보고가 당나라 해적에게 잡혔던 사람들을 가리키며 참모에게 말했다.

"저 사람들을 데려가서 잘 보살펴 주어라. 그동안 고생이

---

* 청해진 병마사
청해진에만 있던 벼슬로, 최고 지휘자인 대사 바로 아래의 직책이다. 청해진은 무역 기지인 동시에 군사 기지였기 때문에, 군인들이 군대 일을 하면서 무역 일도 했다. 청해진 병마사도 무역선을 이끌고 당나라에 가서 외국 상인들과 물품 교역을 하고, 신라방에 들러 신라인들과도 교류했다.

심했을 테니, 잘 먹이고 푹 쉬게 해 주어야 할 것이다."

그 순간 수진이 갑자기 사람들 쪽으로 고개를 빼고 누군가를 찾는 것처럼 두리번거렸다.

사람들이 시야에서 사라지자, 수진은 고개를 갸웃거리며 혼잣말을 했다.

"이상하네. 분명히 어디서 본 사람 같은데."

그때 장보고가 아이들을 돌아보며 말했다.

"자, 너희는 나와 함께 가자꾸나. 내일 서라벌에 가는 사람들이 있으니, 그 배에 태워 주마. 그때까지는 나와 함께 이곳을 구경하면서, 귀한 지도를 갖고 있는 너희 할아버지 이야기를 들려다오."

아이들은 신이 났다. 특히 준호는 가슴이 벅차 아무 말도 할 수가 없었다. 해상왕 장보고와 함께 청해진 구경을 하다니, 그저 꿈만 같았다!

장보고는 아이들을 작은 섬으로 데리고 갔다. 장군섬이라는 그곳은 부두 건너편 바다 위에 떠 있는 조그마한 섬으로,

섬 전체가 하나의 성을 이루고 있는 것처럼 보였다. 바로 장보고가 세운 청해진의 심장부, 본영이 있는 곳이었다.

썰물 때는 바닷물이 빠져나간 자리에 갯벌이 드러나지만, 밀물 때인 지금 섬은 사방이 바다로 에워싸여 적이 쉽게 침입할 수 없었다. 천연 해자에 둘러싸인 최고의 요새인 셈이었다. 섬 주위에는 굵직한 통나무 목책이 빽빽이 들어서 있고, 그 위로 나무가 우거진 언덕과 흙벽이 성을 겹겹이 에워싸고 있었다.

작은 배를 타고 섬으로 건너온 아이들은 장보고가 이끄는 대로 비탈진 길을 따라 위쪽으로 올라갔다.

"어, 우물이다!"

수진이 목책 부근에 있는 우물을 발견하고 소리쳤다. 민호도 수진이 가리키는 쪽을 보며 "우아, 진짜!" 하고 감탄했다. 우물은 크기가 무척 컸는데, 주위에서 사람들이 물을 긷고 있고 가까운 곳에 배 한 척이 대어져 있었다.

수진이 고개를 갸웃거리며 중얼거렸다.

"우물이 참 특이한 곳에 있네. 왜 우물이 마을에 있지 않고 바닷가에 있지?"

아마도 청해진의 군사들뿐 아니라, 지나가는 뱃사람들도 물을 마실 수 있게 해 주려고 바닷가에 우물을 만들어 둔 모양이었다.

비탈길을 올라가니 성문과 같은 커다란 문이 나타났다. 그곳을 지나자 장군섬의 모습이 한눈에 들어왔다. 비탈진 언덕과 그 위에 자리 잡은 건물들과 망대, 커다란 저택이 우뚝 솟은 섬의 꼭대기까지 펼쳐져 있었다.

장보고는 아이들을 데리고 곧장 섬에서 가장 높은 지대로 올라갔다. 남쪽 고대가 있는 곳으로, 장군섬이 한눈에 내려다보였다.

"이야, 저기 배 좀 봐! 배들이 되게 많아!"

민호가 신기한 듯 소리쳤다.

때마침 맑은 날이라 크고 작은 배들이 줄지어 청해진으로 들어가는 모습이 또렷하게 보였다.

"우아, 배에서 짐 내리는 것도 다 보여!"

수진이 소리치자 준호도 부두 쪽을 건너다보았다.

부두에 정박 중인 크고 작은 배에서 자루와 봇짐, 궤짝 등을 내려 지게나 수레로 나르는 모습이 보였다.

수많은 지게꾼들이 부지런히 짐을 실어 나르는 가운데, 돛을 두어 개씩 단 커다란 배들도 잇따라 들어와 선착장에 정박하려고 기다리고 있었다.

"대사님, 저게 다 대사님 배예요?"

민호가 부러운 눈빛으로 장보고에게 물었다.

장보고는 껄껄껄 호탕하게 웃어 젖혔다.

"참 재미있는 아이로구나. 그렇게 보이느냐?"

준호는 민호가 또 무슨 엉뚱한 소리를 할까 걱정이 되어, 붉은 돛을 단 커다란 배를 가리키며 물었다.

"저 배들은 어느 나라 배예요?"

장보고의 눈이 둥그레졌다.

"호오, 제법이구나. 우리나라 배가 아닌 것을 알아차리다니. 그 배는 당나라 배다. 오늘 우리와 함께 서역의 물건들을 싣고 들어온 배지."

"서역이요?"

준호가 눈이 휘둥그레지자 장보고가 말했다.

"그래, 서역. 저 멀리 아라비아에서 온 사람들이지. 대개 당나라의 양저우나 추저우, 덩저우에 짐을 부리고 가는데 더러는 여기까지 오기도 한단다."

준호는 깜짝 놀랐다. 고려 때 개성에 아라비아 상인들이 오갔다는 말은 들었어도 통일 신라 시대에 이미 아라비아 상인들과 무역을 했다는 이야기는 처음 들었기 때문이다.

아라비아라는 말을 듣고 민호가 끼어들었다.

"아, 아라비아 상인! 저도 알아요! 후추 파는 사람이죠?"

장보고가 놀란 눈으로 민호를 보았다.

준호가 아니라 민호가 그런 말을 한 것이 뜻밖이라는 듯, 수진도 놀란 눈으로 민호를 보았다.

준호는 가슴이 철렁했지만, 민호는 신이 나서 떠들어 대기 시작했다.

"저번에 아라비아 상인을 만난 적이 있거든요. 자기 후추랑 우리 두루마리를 바꾸자고……."

그때였다. 뒤쪽에서 누군가 "대사님, 대사님!" 하고 소리치며 황급히 달려왔다.

7. 깨어진 청자

장보고가 걸음을 멈추고 물었다.

"무슨 일이냐?"

황급히 달려온 사람은 참모였다.

"크, 큰일났습니다! 이번에 간신히 구해 온 당나라 청자에 금이 갔습니다! 해적선과 충돌할 때 충격이 있었던 것 같습니다. 왜나라 장군이 특별히 매신라물해*를 보내 주문하신 건

* 매신라물해
일본의 왕족과 귀족들이 신라의 물품을 구입하기 위해 작성한 구매 신청서. 일본에서 신라의 물품을 사려면 미리 매신라물해를 작성하여 교역을 담당하는 대장성 관리에게 제출해야 했다. 매신라물해에는 구입할 물건, 그 물건과 교환할 물건의 종류와 양을 쓰고, 물건을 살 사람의 이름과 신청 날짜를 써넣었다. 통일 신라와 일본 사이의 교역 상황을 보여 주는 귀중한 자료로, 현재 약 30편이 일본 왕실의 보물 창고인 쇼쇼인에 보관되어 있다.

데, 어떡하죠? 금이 아주 살짝 가서 눈치채지 못할 것 같기도 한데…….”

참모가 숨을 몰아쉬며 말했다.

“당치 않은 소리. 어찌 장사꾼이 눈속임할 생각을 한단 말이냐!”

장보고가 호통을 치자, 참모는 얼굴이 벌게져서 고개를 숙였다

아이들은 '역시!' 하는 표정으로 장보고를 우러러보았다.

늦은 오후, 금빛 햇살이 쏟아지는 바다를 등지고 선 장보고의 모습은 실제보다도 훨씬 커 보였다.

장보고가 엄한 목소리로 참모에게 일렀다.

“장사에서 정직과 신의는 목숨만큼 소중한 것이다. 명심하거라! 청해진 병마사에게 빠른 시일 안에 왜의 장군이 주문한 당나라 청자를 다시 구하라고 전해라. 사과의 뜻으로 서역의 후추와 당나라의 비단도 최상품으로 준비해서 보내라 이르고. 아니, 아니다, 물건이 준비되면 내가 직접 왜로 가야겠

다. 교관선*도 준비해 두라 일러라. 어서 서둘러라."

"그렇게까지 할 것이야……."

참모가 장보고의 눈빛을 보고 말끝을 흐렸다. 그러다 장군섬 건너편에 오늘 타고 온 배들이 수리를 하기 위해 정박해 있는 것을 보더니, 속이 답답하다는 듯 얼굴을 찌푸리고는 기어이 한마디를 더 내뱉었다.

"공연히 해적들한테 붙잡힌 사람들을 구하려다 손해가 막심합니다!"

참모는 아까워 죽겠다는 표정으로 애꿎은 배들을 노려보았다. 정박 중인 배 주위를 사람들이 오가며 수리하고 있었다. 멀지 않은 곳에 대장간과 배를 만들거나 고치는 곳이 있는 듯했다. 병영으로 보이는 숙소와 군사들의 말을 기르는 마구간

---

* 교관선

장보고의 무역선으로 '서로 왕래하는 배'라는 뜻이다. 장보고의 교관선들은 당과 일본으로 파견되어 중개 무역을 독점했다. 특히 일본에서 신라 교관선의 인기가 높아 일본 귀족층들은 교관선이 싣고 간 외국 물건을 사들이느라 가산을 탕진하기도 했다. 더불어 장보고의 인기도 높아져 일본에서는 장보고의 이름을 '보배스럽고 높은 존재'라는 뜻의 '張寶高'라고 표기했다.

같은 것도 보였다.

　장보고는 담담하게 말했다.

　"하는 수 없지. 장사를 하다 보면 크게 벌 때도 있고 밑질 때도 있는 법이다. 도자기야 다시 당나라에 가서 구해 오면 되지만, 사람 목숨은 그렇지가 않다. 사람 목숨보다 귀한 것이 어디 있겠느냐. 게다가 신라 사람들을 구하는 것은 우리가 마땅히 해야 할 일이다."

　장보고의 말에 아이들은 가슴이 뭉클했다. 무역으로 돈을 버는 것보다 사람의 생명을 소중히 여기는 장보고의 마음이 아이들에게도 전해졌다. 장보고는 그저 돈만 버는 장사꾼이 아니라, 백성들을 사랑하는 따뜻한 사람이었던 것이다.

　참모도 느끼는 바가 있는지 조용히 비탈길을 내려갔다.

　비탈길 아래에는 무역상이나 각국의 사신들을 맞이하는 접견실과 숙소가 있었다. 그 주위로 병사들이 성을 순찰하고 있었다.

　"자, 우리도 함께 가 보자."

장보고는 그렇게 말하고, 아이들과 함께 참모의 뒤를 따라 비탈길을 내려갔다. 바다에서 불어온 바람이 장보고와 아이들을 부드럽게 감쌌다.

　　"당나라 도자기*가 그렇게 귀한 거예요?"

　　민호가 묻자 장보고가 대답했다.

　　"그래, 그 푸른빛은 감히 어느 나라도 흉내 내지 못하지. 당나라 도자기는 왜나라는 물론이고 양저우로 몰려드는 서역인들한테도 최고로 인기란다."

　　그 순간 준호의 머릿속에 옥빛의 아름다운 고려청자가 떠올랐다. 고려청자야말로 세계에서 가장 아름다운 도자기가

* 당나라 도자기

당나라는 당시 세계에서 가장 큰 도자기 생산 국가로, 푸른빛이 나는 당나라 청자는 최고급 도자기로 인정받았다. 귀족 문화와 차 문화가 발달된 당나라는 중기 이후부터 청자가 널리 보급되어 생활용 그릇으로도 쓰였다. 도자기는 무겁고 깨지기 쉬웠지만, 항해술과 바닷길의 발달로 배를 통해 안전하게 실어 나를 수 있었다. 덕분에 당나라 도자기는 인도, 아라비아, 이집트 등에서 앞다투어 사 갔으며 세계 곳곳으로 보급되었다.

아닌가. 그러나 지금은 통일 신라 시대다. 고려청자는커녕, 아직 고려라는 나라도 세워지기 전이었다. 그러니 장보고는 자신의 후손들이 당나라 도자기보다 훨씬 뛰어난 도자기를 만들어 낸다는 사실을 알 턱이 없었다.

'하지만 고려 시대에 세계 최고의 도자기를 만들 수 있었다면, 그전부터 도자기 기술이 발달되어 있지 않았을까?'

그렇게 생각한 순간, 준호는 걸음을 멈추었다.

벌써 해가 저무는지, 어느새 검은 빛으로 변한 바다에 붉은 노을이 물들고 있었다. 맞은편 바닷가에 우뚝 서 있는 짐 보관소, 말과 마구간이 있는 군영, 뱃사람들에게 밥과 술을 파는 가게들과 드문드문 보이는 집들에도 긴 그림자가 드리웠다. 노을은 늦은 저녁까지 짐을 나르는 수레꾼과 지게꾼들의 머리와 어깨 위에도 붉게 내려앉고 있었다.

준호는 성큼성큼 걸어가는 장보고의 뒷모습을 물끄러미 바라보았다. 호쾌하고 마음씨 좋은 장보고가 깨진 도자기 때문에 왜의 장군에게 고개 숙여 사과할 것을 생각하니, 마음이 아팠다. 준호는 장보고에게 힘이 되어 주고 싶었다.

"대사님!"

저녁 노을 속에서 장보고가 걸음을 멈추고 돌아보았다. 준호는 힘주어 말했다.

"지금은 당나라의 도자기 기술이 최고일지 모르지만, 나중에는 우리 도자기가 최고가 될 거예요."

장보고의 얼굴에 희미한 웃음이 번졌다.

"그럼 정말 좋겠구나. 사실 기술만 알면, 영 불가능한 일도 아닐 텐데……. 이 주변에 도자기를 굽기에 적당한 흙도 많으니……."

그러고는 준호의 빛나는 눈을 보며 대견한 듯이 고개를 끄덕였다.

"우리 도자기가 최고가 될 거라고? 비록 어린아이지만, 그 기개가 참으로 높고 크구나."

"네, 우리 도자기가요, 당나라 청자가 아니라, 우리 청자가요."

준호는 답답해서 다시 한 번 힘주어 말했다.

장보고는 준호를 실망시키지 않으려는 듯 "그래그래. 그렇게 되어야지." 하고 고개를 끄덕였다. 하지만 고려청자를 모르는 장보고에게 준호의 말은 선뜻 와 닿지 않는 듯했다.

그때 민호가 아는 척을 하고 나섰다.

"아이참, 답답하네. 고려청자요! 고려청자가 얼마나 유명한데, 모르세요?"

"고구려 청자? 고구려에도 청자가 있었더냐? 금시초문이구나."

고려를 모르는 장보고가 고려를 고구려로 잘못 알아듣고 되물었다.

"아이참, 고구려 말고 고려요, 고려!"

민호가 말하자 준호는 당황한 표정을 지었고, 장보고는 영문을 몰라 어리둥절해했다.

그 순간 수진이 얼른 눈치를 채고는 민호의 옆구리를 쿡 찔렀다. 수진은 민호에게 눈을 찡끗하고 재빨리 말을 이었다.

"고려가 아니라 고구려야! 고구려, 백제, 신라! 신라가 고구려와 백제를 통일했다고 할아버지가 가르쳐 주셨잖아."

수진은 '고려가 아니라 고구려'라는 말에 특별히 힘을 주었다. 민호는 얼굴이 빨개져서 입을 삐죽였다. 그래도 더 이상 뭐라고 하지 않는 것으로 보아, 말귀를 알아들은 듯했다.

"고구려와 백제까지 알다니. 보면 볼수록 영특한 아이들이구나!"

장보고의 칭찬에 수진이 쑥스러워하며 말했다.

"저는 그것밖에 몰라요. 역사 박사는 준호 오빠죠."

"맞아요! 우리 형은 역사 박사예요. 우리 할아버지의 수제자예요!"

실수를 만회하려는 듯 민호가 호들갑스럽게 맞장구를 쳤다. 준호는 얼굴을 붉히며 손사래를 쳤다. 하지만 어쩌면 지금이 장보고에게 도움을 줄 수 있는 절호의 기회일 수도 있었다.

준호가 어렵게 말을 꺼냈다.

"저어, 백제 이야기가 나왔으니 말인데요. 어쩌면 왜나라 사람들은 당나라 도자기보다 백제 도자기를 더 좋아할지도 몰라요."

"왜지?"

장보고의 눈빛이 준호에게 꽂혔다. 뜻밖의 이야기였지만, 아이들이 하는 이야기가 예사롭지 않았다. 장보고는 진지한 표정으로 준호에게 대답을 재촉했다.

8. 백제 도자기가 있잖아요!

"할아버지한테 들었어요. 할아버지가 여행을 많이 다니시는데, 전에 왜에도 다녀오신 적이 있거든요. 그때 그런 말씀을 하셨어요. 왜나라 사람들이 무늬가 없는 소박하고 담백한 백제 도자기를 아주 좋아한다고요."

사실은 역사책에서 읽은 내용이었지만, 준호는 장보고에게 뭐라도 도움이 되고 싶어 할아버지 핑계를 댔다.

"으음, 무늬가 없는 백제 도자기라……."

장보고는 혼잣말로 중얼거리더니, 골똘히 생각에 잠겼다. 그러고는 잠시 뒤 뭔가 생각이 난 듯 "아!" 하고 소리쳤다. 준호의 말대로 요즘에야 유행을 따라 너도나도 당나라 청자를 찾지만, 사실 왜나라 사람들은 오래전부터 소박하고 단아한 모양의 백제 그릇을 좋아했다.

장보고가 아이들과 이야기하느라 걸음이 느려지자, 앞서가던 참모가 다가와 한마디 했다.

"지금 한가하게 어린아이들과 담소를 나누실 때가 아닌 줄 압니다."

하지만 장보고는 참모의 말에는 아랑곳 않고 오히려 엉뚱한 명령을 내렸다.

"지금 당장 이 일대에서 백제 도자기 굽는 곳을 알아보게! 그리고 최상품의 백제 도자기를 구해 오게!"

참모는 난데없는 장보고의 명령에 황당한 얼굴로 말했다.

"아니, 갑자기 백제 도자기를 구하라니요? 다들 당나라 도자기만 찾는 마당에, 저 어린 녀석의 얘기만 듣고 백제 도자기를 찾아오란 말씀입니까?"

장보고가 말했다.

"그래, 비록 어린아이의 말이지만 일리가 있어! 몇백 년을 이어 내려온 백제의 장인 정신과 도자기 기술이 아직 살아 있다면, 우리가 구한 백제 도자기가 왜나라 장군의 마음을 달래 줄 수 있을 걸세. 시간이 없네, 어서 서두르게!"

참모는 못마땅한 얼굴로 준호를 흘겨보았다. 그 눈길에는 괜한 소리를 해서 쓸데없는 일을 하게 한다는 질책이 담겨 있었다.

이윽고 부하들이 백제 도자기를 찾으러 가자 장보고는 흐뭇한 얼굴로 준호를 보았다.

"할아버님께서 여행을 많이 하신다고? 으음, 할아버님이 뭘 하시는 분인지 얘기해 줄 수 있겠느냐?"

준호는 딱히 뭐라고 대답해야 좋을지 몰라 얼굴을 붉히며 얼버무렸다.

"아, 예, 저, 예부*에서 일하셨는데 도자기에 조예가 깊으

---

* 예부
신라 시대에 교육과 외교, 의례에 관한 일을 맡아보던 관청. 나라의 교육 체계와 정책을 세웠으며, 외국에서 온 사신을 대접하고 국가의 큰 행사를 맡아서 처리했다. 가장 높은 직위는 령, 그 밑은 경이라는 직함으로 불렀다.

셔요. 특히 백제 도자기를 좋아하시고요.”

"맞아요, 우리 집에도 도자기가 많이 있어요!"

민호가 집에 있는 도자기들을 떠올리며 아는 척을 했다.

수진도 한 마디 거들었다.

"그럼 백제 도자기 기술자한테 당나라 도자기와 똑같은 도자기를 만들라고 하면 되겠네요!"

수진의 말을 받아 준호가 말했다.

"그러면 멀리 당나라까지 가서 사 올 필요도 없고, 갖고 오는 동안 도자기가 깨질 염려도 없고…….”

부하들을 보내고 장보고 옆으로 돌아온 참모가 말도 안 된다는 듯이 핀잔을 주었다.

"예끼, 이 녀석들아! 그게 그렇게 쉬운 기술이면 왜 당나라만 갖고 있겠느냐? 사람들이 당나라 청자를 찾는 데는 다 그만한 이유가 있는 거지!"

하지만 장보고는 달랐다.

"허허, 나는 꿈만으로도 좋구먼. 이 아이들 말대로 우리가 도자기를 만들 수만 있다면…….”

거기까지 말한 장보고는 잠시 생각에 잠겼다. 그러고는 곧 눈을 크게 뜨며 소리쳤다.

"어허, 내가 왜 그 생각을 못했을꼬! 너희는 정말 영특한 아이들이다! 이곳 남서 지방은 예부터 백제의 도자기 생산지로 유명했으니, 도자기 만드는 비법을 간직한 장인들도 흩어져 있을 터! 그들을 한자리에 모아 놓으면, 서로의 비법과 지혜를 모아 당나라 도자기가 내는 푸른빛의 비밀을 알아낼 수도 있겠구나!"

장보고는 가슴이 벅찬 듯 고개를 들어 푸른 바다를 바라보았다. 관건은 실력 있는 옛 도공들을 한자리에 모으는 것, 그들이 도자기를 마음껏 연구하고 구워 낼 수 있도록 환경을 갖추어 주는 것이었다. 그러자면 어떻게 해야 할까? 생각이 꼬리에 꼬리를 물고 이어졌다.

먼 바다를 바라보는 장보고의 눈에 붉은 노을빛이 어렸다.

마침내 장보고가 말했다.

"그래, 도자기 단지*! 도자기 단지를 세우면, 도공들이 연구도 하고 새로운 도자기를 만들어 이웃 왜나라나 당나라, 나아가 서역에까지 팔 수 있을 것이다. 그러면 가난한 신라 백성들이 먹고살 거리를 마련할 수 있을 뿐 아니라, 언젠가

* **도자기 단지**
대규모로 도자기를 생산할 수 있도록 만든 곳. 장보고는 당나라 청자가 인도와 아라비아, 이집트 등에 대량으로 팔려 가는 것을 보고, 우리 도공들이 당나라의 도자기 기술을 연구하게 하고 청해진 주위에 대규모 도자기 생산 단지를 만들었던 것으로 보인다. 현재 전라남도 강진군과 해남군 일대에 9세기 무렵에 청자를 굽던 유적들이 있는데, 학자들은 이곳이 장보고의 도자기 단지였을 것으로 추측하고 있다.

는 당나라 도자기를 뛰어넘어 세계 최고의 도자기를 구울 날이 올 것이야!"

장보고의 눈은 이미 미래로 달려가고 있었다. 가슴에는 동

아시아의 바다를 주름잡는 원대한 꿈이 들어찬 듯했다. 장보고가 생각하는 미래에는 신라 사람들이 먹고살 방법이, 더는 굶주리지 않고 살아갈 수 있는 길이 있었다.

준호는 덩달아 가슴이 뛰었다. 역시 장보고였다. 책에서 읽은 그대로 장보고는 어떤 위험과 어려움이 닥쳐도 미래를 향해 거침없이 나아가는 사람이었다.

민호와 수진도 마음이 들떴다. 자신들의 이야기 덕분에 장보고가 좋은 생각을 떠올린 것 같았기 때문이었다.

장보고가 감격에 차서 말했다.

"너희에게 큰 상을 내려야겠다."

수진은 기뻐서 펄쩍 뛰며 "야아, 신난다!" 하고 소리쳤다.

그때 장보고와 아이들을 내내 불안한 눈으로 보고 있던 참모가 더 이상은 안 된다는 듯이 단호하게 말했다.

"아이들은 제가 알아서 상도 주고, 서라벌로 가는 배에도 태워 보낼 테니, 대사님은 이제 집무실로 가시지요. 이미 너무 많은 시간을 지체하셨습니다!"

그러자 웬일인지 민호가 "네, 그게 좋겠어요." 하고 말했다. 준호는 이상해서 민호를 보았다. 민호가 주머니를 가리켰다. 민호의 주머니에서 모래시계가 꿈틀거리고 있었다. 그러고 보니 준호의 배낭에서도 두루마리가 움직이는 것이 느껴졌다.

수진도 뭔가 이상하다고 생각하고 준호와 민호를 보았다.

이내 수진도 참모를 보며 순순히 고개를 끄덕였다.

참모는 아이들이 고분고분 자기 말에 따르는 것이 수상했지만 장보고와 떼어 놓을 수 있다는 생각에 길을 재촉했다.

"대사님, 어서 가시지요."

아이들도 약속이나 한 듯 한목소리로 말했다.

"저희 걱정은 마시고, 어서 가 보세요!"

모래시계와 두루마리가 더욱 세차게 꿈틀거리고 있었다. 아쉽지만 이제 해상왕 장보고와 헤어질 시간이었다. 장보고가 아이들의 머리를 쓰다듬으며 작별 인사를 했다.

"아이들을 잘 부탁하네."

장보고는 참모에게 다시 한 번 다짐을 받고는 돌아서서 성큼성큼 그 자리를 떠났다.

장보고가 떠나자마자 아이들은 "저희도 이만 가 볼게요!" 하고는 돌아서서 뛰기 시작했다.

"얘, 얘들아! 잠깐만!"

참모가 깜짝 놀라 소리쳐 불렀지만, 이미 아이들은 비탈진 성벽을 따라 바람처럼 달려 내려갔다.

동백나무 수풀 사이로 아이들의 모습이 사라질 무렵, 붉은 노을빛 속에서 느닷없이 푸른 섬광이 번쩍이더니 모든 것이 고요해졌다. 뛰어가던 아이들의 발소리도, 그 발길에 차이던 풀과 나무와 흙바닥 소리도 모두 사라졌다.

바다는 아무 일도 없었던 것처럼 잔잔했고, 저녁 땅거미 속에서 하루 일을 마치고 돌아가는 왁자지껄한 사람들의 노랫소리만이 검푸른 바다 위를 떠돌았다.

9. 그 할아버지를 본 것 같아!

"와! 진짜 재밌었어! 해적들한테 잡혔을 때는 딱 죽는 줄 알았지만. 장보고 대사님이 나타나지 않았다면!"

지하실에 도착하자마자 민호가 소리쳤다.

"그래, 장보고 대사님은 정말 멋진 분이야."

준호도 장보고의 멋진 모습을 떠올리며 가슴 뿌듯해했다. 그때 수진이 엉뚱한 말을 했다.

"맞아! 그 할아버지야!"

지하실로 돌아와 눈을 뜬 순간, 수진은 퍼뜩 생각났다. 아까 해적선에서 본 사람이 누구인지 떠오른 것이다.

"어휴, 깜짝이야! 갑자기 그 할아버지라니, 대체 무슨 소리야?"

 민호가 묻자 수진이 어둠 속에서 눈을 빛내며 말했다.

"아까 할아버지를 본 것 같아! 배에서!"

 준호와 민호가 이게 무슨 뚱딴지 같은 소리냐는 듯 멀뚱멀뚱 수진을 쳐다보았다.

 수진이 자신감 넘치는 목소리로 말했다.

"아까 그 배에 노예로 잡혀 있던 사람들 있잖아? 그 사람들 중에 분명히 그 할아버지가 있었어!"

"그 할아버지라니, 누구 말이야?"

 민호가 묻자 수진이 말했다.

"이 집 주인 할아버지, 괴짜 역사학자 할아버지 말이야! 어디서 본 것 같다고 생각했는데, 그 할아버지였어. 역시 할아버지는 과거에 있었던 거야!"

 준호는 수진의 말을 믿어야 할지 말아야 할지 알 수가 없었다. 과거에서 역사학자 할아버지를 만난다는 게 정말 가능한 일일까? 설령 수진의 말대로 할아버지가 과거에 있다고 하더라도, 그 수많은 과거 속에서 할아버지를 우연히 만난다는 건 하늘의 별 따기나 마찬가지 아닐까?

"말도 안 돼! 난 그런 할아버지 못 봤어!"

민호가 소리치자 수진이 딱 부러지게 말했다.

"내가 봤다니까! 너는 그 할아버지 얼굴도 모르잖아. 얼굴도 모르면서, 할아버지가 있었는지 없었는지 어떻게 알아?"

맞는 말이었다. 셋 가운데 할아버지의 얼굴을 아는 사람은 수진밖에 없었다. 그런 수진이 과거에서 할아버지를 봤다는데, 얼굴도 모르는 준호와 민호가 무슨 말을 할 수 있을까?

준호는 문득 역사학자 할아버지 이야기를 하며 슬퍼하던 아빠의 얼굴이 떠올랐다.

'내가 이 집에서 살고 있으면, 스승님께서 돌아오실지도 몰라.'

아빠는 그런 생각을 하고 있는 것 같았다.

그 할아버지를 본 것 같아!_121

만약 수진이 그 할아버지를 본 게 맞다면, 수진의 말대로 할아버지가 과거에 갇혀 있는 거라면, 할아버지를 구해야 하는 게 아닐까? 준호는 할아버지를 도울 방법을 찾고 싶었다.

'그러려면 일단 할아버지 얼굴부터 알아야 해.'

준호가 그렇게 생각하는 순간, 민호가 수진에게 물었다.

"그 할아버지가 어떻게 생겼는데?"

준호도 궁금해서 수진의 대답을 기다렸다.

"음, 머리가 희끗희끗하고, 마르고, 수염이 좀 있었던 것 같기도 하고…… 얼굴은……."

수진이 더듬더듬 대답하자, 민호가 수상하다는 듯이 말을 잘랐다.

"뭐야? 너 진짜 할아버지 아는 거 맞아?"

"왜 몰라? 옆집에 살던 할아버진데!"

"그런데 왜 설명을 못해?"

"말로 설명할 수는 없지만 보면 알 수 있어! 어휴, 이럴 줄 알았으면 같이 사진이라도 찍어 놓는 건데!"

수진은 답답하다는 듯이 한숨을 내쉬었다.

'사진'이라는 말에 준호의 머리를 번쩍 스치는 것이 있었다.

"그래, 사진! 어쩌면 아빠한테 할아버지 사진이 있을지도 몰라. 할아버지가 아빠의 선생님이라고 했으니까, 같이 찍은 사진이 있을 수도 있어."

민호가 눈을 빛내며 말했다.

"당장 아빠 서재에 가서 앨범을 뒤져 보자."

민호는 당장이라도 달려갈 기세였다. 하지만 준호가 말렸다.

"그러다 들키면 어쩌려고?"

"들키면 어때? 아들이 아빠 사진 보는 게 뭐 어때서?"

그러고는 수진을 향해 의미심장한 미소를 띠며 말했다.

"옆집 여자애가 보는 건 좀 이상하지만."

수진이 눈꼬리를 치켜올리며 민호를 노려보았다.

"할아버지 얼굴은 나밖에 모르잖아. 그러니까 너네 아빠 앨범을 봐야 할 사람은 나라고."

민호는 수진이 얄미웠지만, 맞는 말이었다. 수진이 없으면 누가 괴짜 역사학자 할아버지인지 알 수 없었다.

준호가 민호와 수진 사이에 흐르는 정적을 깨고 말했다.

"그냥 셋이 같이 보자. 엄마 아빠가 안 계실 때 보면 될 거야."

수진이 선심 쓰듯이 말했다.

"좋아. 셋이 같이 봐."

이제 곧 사라진 할아버지의 얼굴을 볼 수 있게 될지도 모른다. 준호와 민호와 수진은 두루마리와 할아버지를 겹겹이 둘러싼 비밀이 한 꺼풀 벗겨지는 것 같아 가슴이 뛰었다.

준호의 역사 노트

과거 여행을 다녀온 뒤, 역사 박사 준호는 도서관과 아빠의 서재를 들락거리며 장보고 연구에 몰두했다. 준호는 무엇을 알아냈을까?

해상왕 장보고는 어떤 사람이었을까?

장보고는 평민 출신이었지만 체격이 좋고 힘이 장사였으며 무술 솜씨도 좋았다. 청년 시절에 당나라로 건너가 군인으로 일했는데, 서른 살쯤에는 서주 무령군 소장이 되었다.

당나라에서 해적들에게 붙잡혀 온 신라인들이 노예로 팔리는 것을 보고 분개한 장보고는 신라로 돌아가 흥덕왕에게 청해진을 설치하여 해적들을 막자고 건의했다. 그리고 군사 1만 명을 훈련시켜 신라의 서남해 바다 일대에서 해적을 소탕하고, 바닷길을 장악하여 무역을 크게 일으켰다. 장보고는 뛰어난 장사 수완과 훌륭한 인품으로 당나라와 청해진 일대의 신라인들에게 존경을 받았으며, 청해진과 신라를 동아시아 국제 무역의 요충지로 만들었다.

장보고가 한 일

신라방을 일으켜 세우다

당나라 동해안에는 신라인들이 모여 사는 '신라방'이 있었다. 신라방 사람들은 대부분 무역 관련 일을 했는데 장보고는 이곳에 절과 장원(농장)을 세워 신라인들의 힘을 한데 모았다. 츠산의 법화원에서는 주기적으로 법회를 열어 신라인들이 모일 수 있게 했으며, 절 소유의 장원에서 곡식을 거두어 힘을 비축했다.

신라인 노예를 구출하다

828년에 신라로 돌아온 장보고는 손수 훈련시킨 군대를 이끌고 신라인들을 당나라에 노예로 팔아넘기는 해적들을 소탕했다. 덕분에 일거리를 찾아 당나라로 건너가려던 사람들과 신라군이 미처 보호해 주지 못하던 바닷가 백성들이 안심하고 살 수 있었다. 서남해를 오가던 무역선들도 안전하게 다닐 수 있었다.

신라의 해상 무역을 이끌다

세계 여러 나라와 교역하는 당나라에 감명을 받았던 장보고는 신라의 무역선들을 이끌고 당나라와 일본을 오가며 무역을 했다. 장보고의 탁월한 사업 수완과 통솔력 아래 장보고 선단은 동아시아의 바다를 주름잡았으며 신라를 해상 무역의 강국으로 끌어올렸다.

장보고 기념관에 걸린 목조 벽화

해상왕 장보고의 근거지, 청해진

청해진은 완도와 그 앞바다에 있는 작은 섬 장도(장군섬) 일대를 일컫는다. '바다를 깨끗이 하는 진지'라는 뜻으로, 원래는 해적을 소탕할 목적으로 설치되었으나 장보고 선단의 무역이 활발해지면서 국제 무역 기지로 자리잡았다.

장도는 바다 위로 우뚝 솟아 있어 사방을 관찰할 수 있는 천혜의 요새였다. 장도에는 장보고 선단의 본영이 있어 장보고와 주요 인물들이 머물렀으며, 병사들이 머문 군영은 완도 등에 흩어져 있었을 것으로 추정된다. 장도와 완도 장좌리 사이의 거리는 170여 미터로 썰물 때는 갯벌이 드러나 쉽게 오갈 수 있었다.

장보고의 세력이 커지면서 청해진은 완도를 중심으로 서남해안 지방과 인근 섬들을 자치적으로 다스렸다고 한다.

본영 청해진의 본영이 있던 곳으로, 장보고 등 청해진의 주요 인물이 머물렀다.
우물 지나가던 뱃사람들이 물을 얻어 마셨다.
고대 동서남북 사방을 내려다보며 드나드는 배를 감시했다.
성벽 흙을 다져 쌓아 올린 토성으로, 목책과 함께 이중 방어막 구실을 했다.
목책 지름 30센티미터 안팎의 참나무와 소나무 기둥들이 약 10여 센티미터 간격으로 박혀 있어 방어 울타리 구실을 했다.
군영 병사들이 훈련하고 생활하던 곳. 완도 일대에는 장보고 시절의 지명이 지금까지 남아 있는 곳이 많다. 해적들을 가둔 '옥터', 군마를 기르던 '마골창', 군사 훈련 장소인 '장군배기', 배를 만들고 수리한 '배둥둥이'와 '부추원' 등 청해진의 흔적이 생생하게 남아 있다.

장보고는 어떤 배를 타고 항해했을까?

　신라 사람들은 배를 만드는 기술과 항해 지식이 뛰어났다. 《속일본후기》 등의 기록에 따르면 신라 배는 '바람과 파도를 능히 헤치고 나아갈 수 있는' 배였다고 한다.

　현재 장보고 무역선의 유물은 남아 있지 않지만, 당시의 배들로 장보고의 무역선을 추정해 볼 수 있다. 일반적으로 통일 신라 시대의 항해용 배는 선체가 높지 않았다. 큰 바다에서 강한 바람을 만났을 때 배가 표류하지 않고 앞으로 나아가게 하기 위해서였다. 또 거센 파도에도 밀리거나 뒤집히지 않도록 배의 바닥이 뾰족했고, 배의 모양은 미끈한 유선형을 띠었다. 신라 배는 돛으로 바람을 이용해 항해했는데, 보통 둘 이상의 돛을 갖추고 있었다.

이물　뱃머리. 배의 가운데 부분보다 높고 곡선으로 되어 있어 물의 저항을 적게 받았다.
선실　물건을 싣거나 사람이 쉬는 곳. 음식을 만드는 곳이다. 갑판 밑에도 선실이 있었는데 칸막이로 구역이 나뉘어 있어 배 일부가 망가져서 물이 들어와도 배 전체가 바로 가라앉지 않았다.
뱃전　배의 옆판. 강한 충격을 이길 수 있도록 나무판 끝부분을 겹치게 이었다. 파도가 덮칠 때를 대비해 뱃전에 대나무 묶음을 걸쳐 두기도 했다.
고물　배의 뒷부분. 사선으로 올려 배의 위용을 과시하고, 키를 보호한다.
키　배의 방향을 조종한다.
돛　커다란 천을 돛대에 달아 바람을 이용했다. 통일 신라 시대에는 주로 삼베로 돛을 만들었다. 쌍돛을 달아 배의 속도를 높이고, 맞바람이나 옆바람에도 나아갈 수 있었다.
닻　물에서 배가 머물러 있도록 물 밑바닥으로 가라앉히는 갈고리이다.

장보고의 무역 항로와 해상 실크로드

'비단길'이라는 뜻의 실크로드는 중국의 주요 수출품인 비단을 사고팔았다고 하여 붙은 이름이다. 동서양을 잇는 고대의 대표적인 무역로로, 중앙아시아를 가로지르는 육상 실크로드와 지중해에서 홍해, 아라비아해를 지나 인도양과 서태평양에 이르는 해상 실크로드가 있었다. 육상 실크로드는 길이 험해 운반하기 쉬운 비단이 주로 유통되었고, 해상 실크로드로는 깨지기 쉬운 도자기와 값비싼 향료 등이 유통되었다. 그래서 해상 실크로드는 세라믹 로드(도자기 길), 향료 로드라고도 불린다.

장보고가 활동하던 9세기 무렵에는 중국의 양저우와 광저우 등지에 서역인(아라비아인과 중앙아시아 및 서부아시아인, 인도인)들이 해상 실크로드를 오가며 물건을 사고팔았다. 이때를 '아라비아의 아시아 대항해 시대'라고도 부르는데, 이 상인들에 의해 동서양의 무역이 크게 늘어나고 각국의 문화가 서로에게 전해져 영향을 주고받았다. 최초의 '세계화'가 일어난 것이다.

장보고의 무역 항로

장보고는 해상 실크로드의 동아시아 뱃길을 이용해 주로 사치품을 사고팔았다. 당나라의 도자기, 비단, 책, 차를 비롯하여 당나라와 교역하던 아라비아, 인도의 향신료와 앵무, 공작의 꽁지 깃털, 악기 등을 실어와 신라와 일본에 팔고, 신라의 금은과 비단 등을 당나라에 실어 갔다. 장보고의 등장으로 해상 실크로드는 동아시아까지 확장되어 더욱 활기를 띠었다.

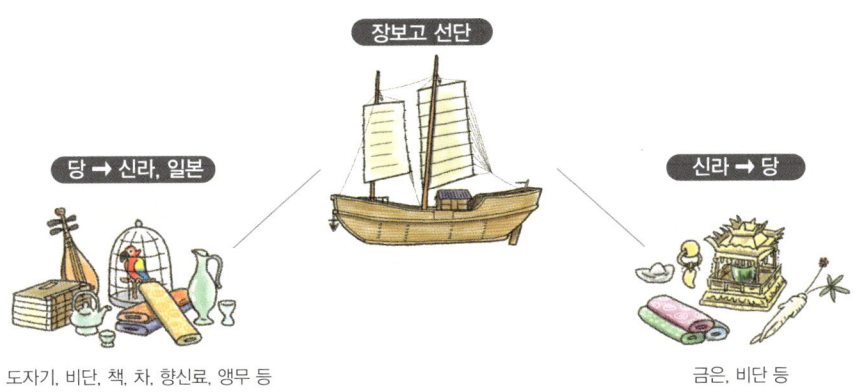

사진 자료 제공
62p **법화원** 완도군청
97p **당나라 도자기** 게리 토드(자유 이용 저작물)
126p **장보고 동상** 한국관광공사 김지호
127p **장보고 기념관 목조 벽화** 완도군청

마법의 두루마리 9
해적선에서 만난 장보고

ⓒ 강무홍, 김종범, 2024

1판 1쇄 펴낸날 2024년 7월 22일
글 강무홍 **그림** 김종범 **감수** 강봉룡
편집 우순교 **디자인** 박정아
펴낸이 강무홍 **펴낸곳** 햇살과나무꾼
등록 2009년 07월 08일(제313-2004-54)
주소 서울시 영등포구 당산로54길 11 상가 305호
전화 02-324-9704
전자우편 namukun@namukun.com
ISBN 979-11-987725-2-7(73810)

* 신저작권법에 따라 한국 내에서 보호를 받는 저작물이므로 무단 전재와 무단 복제를 금합니다.